Education

爱育花开

倪红霞　著

倪红霞生命热爱教育实践

中国中福会出版社

序

《爱有花开》是一部令人感动的作品。它讲述了家庭教师妮妮老师和小学生小智之间发生的故事，情节兼具教育性和趣味性。

在这本书里，每一个故事都充满浓浓的爱意、暖暖的感动。作者用灵动而诗意的语言为教育原理赋予了鲜活的生命，洋溢着对生命的热爱与关怀。让人们不仅能从中获得知识和思想，更获得一种心灵的洗涤、情感的升华、美的享受，让人对世间万物产生热爱之情。

这本书没有任何虚伪的说教，却通过对教育实践的朴素描写，使人感受到一个最根本的东西：爱。生活即教育，教育即生活。生活中点点滴滴都是教育，都是爱。教育的最高境界是教而不教。寓教于自然，潜心于平常。既无刻意说教之凿痕，又藏润物细无声之滋养。

在教育实践中，妮妮老师以人性中的真、善、美为源泉，有效地利用生命热爱教育法，以快乐为原则，激发孩子生活热情、学习兴趣，给予孩子全面的指导，让教育充满了生命力和爱。

妮妮老师是一位用心去呵护孩子、用爱去体会教育的教育者，她有孩子般纯净的心灵、活泼的性格、丰沛的情感、跃动的思维。她的教育实践是充满人情味的，她从不批评孩子，而是常常蹲下身子用一颗真挚的心与孩子交流，她和孩子亲密无间，她似孩子的母亲，似孩子的老师，似孩子的朋友。她用心灵赢得心灵，用心灵影响心灵，追求教育美的境界。

妮妮老师认为爱是有力量的。不仅人具有生命力，知识也具有生命力。当你赋予文字、数字爱的时候，这些文字和数字就会欢快地舞蹈，与心灵互相撞击，产生爱的火花，从而使那些看似枯燥的知识变得生动、可爱。因为热爱，知识跃动起来；因为跃动，知识可以成为孩子生命的一部分，让孩子真正成为知识和综合能力的富有者；因为热爱，孩子真正地成长为一名心地纯洁、品德高尚的人。

教育不只是教给孩子知识，而是要教孩子学会求知，也就是要关注孩子学习的方法、获取知识的过程以及对学习的态度。让孩子拥有良好的习惯、积极的人生态度，就能用自己的力量去学习、去生活。

每一个生命都是这个世界上独一无二的，都具有其独特性。尊重个性、符合个性的教育才是最好的教育。找准孩子的个性，全面实施素质教育，方能培养其成为德、智、体、美、劳全面发展，具有国际视野和创新意识的复合型人才。

《爱有花开》诉说的崇高纯真的人性之爱就是一种最为真诚的教育，而教育也使爱得以升华。这是一本成功的"实例教育学"：既有精要的教理阐述，又有典型的教例剖析。对于家长和老师来说，不失为一本有价值的参考用书。那些充满爱的文字，将会使您真正了解，到底哪些因素会有助于孩子成长为身心健康的人；您还将感悟到一些成为一位有能力、有爱心的教育者，并让孩子可以信任您、热爱您，所必需的态度、方法和技能。

阅读这本书，让孩子和您一起健康快乐地成长。

中共上海市委常委

目　录

第一章　快乐学习

画秋天　5

拼音里的快乐　13

藏在汉字里的汉字　18

小智的疑问　23

第二章　认知能力

时间跑　35

1分钟在哪里　40

学钢琴　44

做瓷器　49

第三章　自主探究

逛超市　59

去图书馆　65

编书　72

儿童节的礼物　77

小商人　82

第四章　健康管理

小智罢学　90

母亲离家出走　95

手机躲猫猫　101

小智发烧 106

小智逃学 110

第五章　生命教育

被遗弃的小树枝 118

星星和花花 126

秘密军事基地 131

亲亲猫咪宝贝 137

滑雪 141

第六章　多元文化

做风筝 149

夜游上海滩 156

包饺子 161

参观上海犹太难民纪念馆 167

剪纸画礼物 172

小智的日记 177

第七章　暑假生活

大扫除和咖喱饭 194

锹甲虫 200

小木工 204

海上看日出 210

第一章

快乐学习

教育的目的，是培养孩子学会不断地创新，用自己的力量去学习、去生活、去超越自己、超越传统，以便有能力用自己的力量去分析问题，解决问题，应对现在和未来生活中遇到的种种问题。采用"快乐学习"的教学模式，是实现这一目标的快捷途径之一。

孔子说："知之者不如好之者，好之者不如乐之者。"

兴趣对于学习是十分重要的。学习，重要的是培养学习的兴趣，对知识的学习感兴趣，就会变被动为主动，以学习为乐事。在快乐中学习，既能提高学习的效率，还能够加深对知识的理解，把学到的知识灵活地运用到实践中去。

另外，在快乐的情绪下学习，比不快乐的强迫学习的效率高很多倍。知识的记忆是有期限的，死记硬背的知识，存储期限是阶段性的。孩子在快乐中汲取的知识，存储的期限是永久性的。保持快乐，孩子就会学得更好，就会更容易成功，更加身心健康。

求知是人世间最大的欢乐，学习中有无穷的奥秘。如果一个社会、一种教育只把"考出高分，考上好大学"作为学习唯一的目的，那么无形之中就把求知变成了一种苦难。所以在教育实践中，要坚持"快乐的原则"，教师要保持以快乐的心境、愉悦的心情应对生活，应对教育中出现的情况。面对孩子，自始至终地保持快乐而温和的态度。

教育应该从孩子的角度出发，全面培养他们，适应他们的需要，为他们服务，引领他们快乐地学习，快乐地生活。从未来社会需要怎样的人才出发，努力

3

培养孩子的综合素质，使孩子不但会考试，还热爱学习、热爱生活、热爱生命、懂得感恩，有高远的理想目标追求和坚韧不拔的意志，从而达到"不教为教"的教育最高境界。

教师与家长必须要有爱心和耐心，微笑着面对孩子，与孩子亦师亦友，给予孩子尊重，承认他们的价值、情感。为孩子着想，体味他们的喜悦、欢乐、悲哀，使孩子"亲其师而信其道"。教师与家长一个善意的点头、一个友好的微笑、一句夸奖都有可能改变一个孩子的命运。

本章中的四个故事都是以"快乐学习"的教学模式，实践了生命热爱教育的方法。阅读本章，您将会感悟到：

教师是孩子学习的引导者，孩子是学习的探索者。教师巧妙地设计学习的场景，把问题交给孩子，通过孩子自主思考来解决问题，从而促使孩子在快乐中用自己的力量去获取知识，提高自我解决问题、分析问题的能力，同时，比分数更重要的人格与性格也得到了培养。

画 秋 天

小智是一名小学一年级学生。

妮妮老师是他的家庭教师。今天，他们第一次见面。

小智的母亲担心妮妮老师找不到小智的家，早早地就在小区门口等着。妮妮老师见到她时，她一身网球装，满脸都是汗渍，看来带小智这个孩子很辛苦。

小智的母亲一见到妮妮老师就一边紧紧地握着她的手，一边说："孩子就交给你了，拜托了。小智很不听话，说好了要学习了，他还是跑去公园了。这孩子从来都不听我的话。我对他一点办法都没有。我们一起去公园接他好吗？"

"好的。"妮妮老师微微地点点头说。

妮妮老师和小智的母亲一起去了公园。

公园里，孩子们有的在堆"沙子城堡"，有的在踢球，有的在荡秋千，有的在滑滑梯……

小智的母亲向坐在滑梯上的小智喊："快下来，妮妮老师来了。"

小智从滑梯上滑下来，仰起头，眼睛骨碌碌地转着，上下打量着妮妮老师，翘着小嘴问："你来干什么？"

妮妮老师温和地回答说："我是你的朋友，来和你玩的。我们握个手吧。"

小智似乎很怀疑，皱起眉头自言自语地说："朋友？"他再次打量着妮妮老师，小心翼翼地握住她的手。

"我们一起回家吧。"妮妮老师说。

"等等，我还要拿着我的自行车。"小智一边说，一边扶起了躺在地上的自行车。

妮妮老师马上对小智说："你的自行车好漂亮啊。其实，我也有一辆自行车，也是小小的。"

小智一听妮妮老师也有一辆小自行车，似乎很开心，初次见面的气氛融洽起来，于是他们愉快地来到了小智家。

语文辅导学习开始了。

这时的小智很不开心，脚蹬着地，头顶着椅子的靠背，吵着闹着要去玩，不能进入学习状态。

语文第一课的辅导课文是《秋天》：

秋天里，

桂花开了，

菊花开了，

晨光闪闪亮，

鸟儿蹦蹦跳。

开学了，开学了，

小朋友到学校，

见到老师敬个礼，

见到同学问声好。

小智不肯学习，闹着闹着，竟然躺到地上，蹬着腿，哭喊着："我要去公园，我要去公园。"

妮妮老师却若无其事，不紧不慢地拿出了一张白纸画起了图画。

小智一边哭，一边斜着眼睛，偷偷地观察着妮妮老师的一举一动。小智见妮妮老师不理他，他的哭声也越来越小，渐渐地他站起身来，蹑手蹑脚地走到妮妮老师的身后，探着头看她在画什么。

不一会儿，小智说："妮妮老师，我也想画画。"

"嗯。"妮妮老师说，"那我们一起画秋天吧。"

"好啊，好啊。"小智迫不及待地说。

"秋天是什么样子呢？"妮妮老师自言自语地说。

小智一手托着下巴，眯着眼睛，想了一会儿说："秋天是上学的日子。我就是秋天上学的；秋天是有颜色的，红的花、黄的花、白的花都开了；秋天里大树最开心，会生出很多好吃的果子……"

"是啊，秋天真漂亮，银杏叶黄了，枫叶红了。"妮妮老师低着头一边说一边画画。

妮妮老师每画一朵花，就请小智猜猜画的是什么花，还请他在花的下面写上：秋天里，花儿开了。

小智也在自己画的花下面写上：秋天里，花儿开了。

这时候，妮妮老师看到桌上有一束黄色的桂花，就把桂花拿到了小智的面前问："这是什么花？"

"妈妈说，那是桂花。"小智用小鼻子嗅了嗅，眨了眨眼说。

小智每画一朵花，每写一次花的句子，妮妮老师都会和小智击掌一下，对他说："你真棒！"

在画菊花的时候，妮妮老师和小智一起轻轻地唱起童谣《菊花》：

> 花儿开了，
>
> 花儿开了，
>
> 菊花开了，
>
> 菊花开了，
>
> 排一排，
>
> 排一排。

　　　　红的，白的，黄的，

　　　　无论看哪一朵，

　　　　哪一朵都漂亮。

　　小智开始端坐在椅子上，画一会儿，沉思一会儿，时不时还念叨着什么。

　　"妮妮老师，我想画光和小孩子。"小智说。

　　画光的时候，小智停下了手中的笔，沉思良久，突然兴奋地对妮妮老师说："老师，光就是太阳公公银色的胡须，闪闪地蹦出很多银色的小星星。那些胡子和小星星是有魔法的，你只能眯起眼睛看它。"小智一边说一边做着捋胡须的动作。

　　妮妮老师惊喜地发现，小智有极强的思考能力和观察能力，他的语言表达很有童话色彩，孩子的心灵被自然、纯朴和富有童趣的想象充盈着。

　　妮妮老师请小智把图画里的单词串起来"编写"课文，小智全身心地投入，很快他就能熟练地背诵课文了。

　　小智以为学习任务完成了，他放松了心情，又想到了玩儿。

　　妮妮老师建议小智做一本书，小智听到后，又不乐意了，说要去玩。然后躺在地上翻滚着，哭闹着。妮妮老师没有理会他，从包里拿出了数码相机，兴高采烈地说："这个相机拍出的课文真漂亮，你也试试拍一下课文吧。"

　　小智一骨碌从地上爬起来，抓起相机就拍起来，还调皮地拍了自己的牙齿。小智感到"编书"很有趣，就开始坐下来"编书"。小智模仿着《秋天》的课文，首先，他画了几只燕子，在图画的下面，他用拼音和汉字写上："秋天里，yàn子南飞。"接着，他又画了很多叶子，有红色的，有黄色的，有绿色的，有褐色的，在图画的下面写上："银xìng叶黄了，fēng叶红了。"他还画了小朋友和老师；最后，他按照图画的顺序将画纸排列起来，并在每一页的下方编上了页码。小智编的书的内容是：秋天里，燕子南飞。银杏叶黄了，枫叶红了。晨光闪闪亮，小朋友上学校。见到老师敬个礼，见到同学问声好。

　　小智很认真，还给自己编的书做了一个封面。他说他喜欢大象，就在封面上画了一头大象。

　　学习结束前，妮妮老师和小智面对面地站在了院子中央，两手背在身后，昂着头，挺着胸，大声背诵着《秋天》。

　　朗朗的读书声久久地在天空中回荡，秋天的美好已经印刻在孩子的心上。

1.建立良好的信赖关系

　　教师与孩子初次见面时，孩子问她："你来干什么？"从孩子的问话中可以看出，他对教师的到来产生了抵触情绪，也许以前也曾有家庭教师来过，他不喜欢。教师的回答是："我是你的朋友，来和你玩儿的。我们握个手吧。"这样的回答解除了孩子对教师的抵触心理，拉近了彼此的距离。接着，教师赞美了孩子的自行车，并说她也有一辆相似的自行车，进一步拉近了心与心的距离。在良好的师生信赖关系中，孩子把教师当作了朋友，当作了玩伴，把学习当作了游戏。

　　在整个教学辅导过程中，教师始终都站在辅助的角度上，尊重孩子独立的人格，与孩子交流时，多采用肢体语言。譬如：孩子躺在地上哭闹，教师却若无其事，从容镇静地画画。教师以画画的方式，呼唤着孩子学习。在整个教育辅导中，教师没有任何对孩子批评的言语，给予了孩子极大的尊重。

　　在温馨的气氛中，孩子快乐无比。快乐是孩子最重要的情绪。它能使其身体各方面机能达到最佳状况，让孩子的心理机能积极向上。在轻松愉悦的心境下，孩子的大脑处于积极的接收和运转状态，从而取得最佳的学习效果。

2.贯穿生命热爱的教育

　　学习的一开始，孩子是非常抵触的。这时候，教师只是拿出纸画画，孩子好奇地看老师在做什么，在不自觉中他参与到绘画中。教师用肢体语言，诱发孩子

"动"起来。创设了积极的、趣味性的课堂环境，启迪了孩子的心灵。

让孩子"动"起来就是把孩子的主动性调动起来，把创造力激发出来，把注意力集中起来，把孩子自身的潜力挖掘出来。

陶行知先生曾说过："真正的教育必须培养出能思考会创造的人。"主动参与学习是创新学习的前提和基础，也是孩子自主学习的一种能力。只有主动参与，才能充分发挥主体的能动作用。只有用自己的力量完成学习，才能真正理解、掌握知识。培养孩子独立学习的意识和能力是非常重要的。

本次学习，运用了图画、文字、童谣相结合的方式，贯彻了"生命热爱教育"的理念：孩子画画、写拼音和词组这个过程就是通过视觉看到了秋天的花、晨光、学校、老师和同学，也就是教育理论中"知识的原风景"；孩子用手触摸到了课文中的风景及人物，也就是教育理论中的"用手触摸到了知识的脉络"；孩子每画一朵花，每写一次有关花的词组，教师都会和孩子击掌一下，鼓励他真棒，这种做法增强了孩子的自信心；教师拿起书桌上的桂花给孩子欣赏，孩子通过视觉再次感受到花的美丽，并通过嗅觉感受到花的味道。

孩子动起来了，孩子在"动"中深深地感受到了秋天是有颜色的，秋天是有味道的，秋天是有声音的，秋天是有气息的……

孩子动起来了而且是全身心地动起来了，学习变成了一种乐趣，孩子开始从半躺状态，到端坐在椅子上，最后，昂头挺胸地站在教师的面前。

在这次教育辅导活动中，教师通过适当的语言及行为引导孩子画秋天，并启发他把一幅幅画连接成动感的秋天，使其感受到用自己的力量读书的快乐。教师还启发孩子有表情地朗读和背诵课文，使实际和理解相互促进，形成了读书和汲取的良性循环。

孩子因为喜欢画画，所以认真地画画；因为热爱画画，所以在不知不觉中画出了秋天。一幅幅图画，将孩子带入秋的意境，起到了视觉激发灵感、自然产生沟通的作用。于是课文《秋天》的学习，在快乐中得以完成。

3.让"知识"动起来

孩子的思维是具体的、形象的，孩子在画光的时候，把光想象成了太阳公公银色的胡须，"这胡须有魔法力必须要眯着眼睛看"。画秋天，让"知识"动起来，有效地丰富了孩子的想象力和创造力。

孩子从自己的每一幅画中可以看到秋天在跃动，促使孩子以饱满的热情学习课文。而且，画出来的课文有了立体的动态实感；再配上《菊花》的童谣，让课文《秋天》散发出清新的生活气息。因而"画秋天"给孩子一种鲜活感，让秋天具有了与孩子心灵对话的力量。

画秋天，把孩子原有的兴趣与知识学习联系起来，培养和激发了新的兴趣。秋天的信息通过感官传递给了孩子，让关于秋天的知识有了生命力，这些知识已经深深地植入孩子的心中，亲切美好。

读者点评

读者点评1

很高兴能够感受妮妮老师的独特的教学方式，我也谈一点自己肤浅的教育心得：

首先，要清楚什么才是真正的"学习状态"，什么样的教育才是最有"价值"的。

对于一个孩子来说，他在不断地感知周边的事物，并且本能地充满着好奇心，对一切都有一探究竟的冲动，这应该就是孩子最自然的"学习状态"。

其次，所谓的教育，应该是最大限度地激发孩子对于学习的热情和兴趣，如果结果恰恰相反，那就不能称之为教育了。每个孩子都有自己独特的一面，所以我们说：因人施教，快乐地学习才是好的教育。

读者点评2

实践总结的东西就是好东西。我不是做教学的，个人觉得"画秋天"的做法很好！作为老师应该像妮妮老师那样多从孩子的角度着想，在教学中尊重孩子的个性和意见，在互动中建立一种亦师亦友的关系，使孩子觉得学习是一件很有趣、很快乐的事情。

读者点评3

"画秋天"实际上是隐形教育的具体实践，培养了孩子对语言的一种敏锐的感受力，潜移默化地让孩子掌握知识。学习的内容是孩子自己悟出来的，不是老师教的。自己悟出来的知识使孩子在实践中更主动、更积极地去实施。

读者点评4

卢梭在其名著《爱弥儿》中说道："什么是最好的教育？最好的教育就是无所作为的教育：学生看不到教育的发生，却实实在在地影响着他们的心灵，帮助他们发挥了潜能，这才是天底下最好的教育。"

小智真幸运，接受了生命热爱教育。如果这样的教育能够在中国普及，那将有多少孩子受益啊，期待着。

拼音里的快乐

今天，小智的母亲早早地就站在路口等妮妮，她的期待与热情让妮妮老师感到暖暖的，同时更感觉到身上的责任重大。

走在去小智家的路上，妮妮老师的心里七上八下的，担心小智哭闹不肯学习。

妮妮老师忐忑地推开房门，意外地看到小智正用一张纸擦电视机屏幕。

小智的母亲说："不要擦了，屏幕会被擦坏的。"

小智听了母亲的话，不再擦电视机屏幕，跟着妮妮老师一起走到了课桌旁。这让妮妮老师感到意外。

妮妮老师从包里拿出了孩子们喜欢的贴纸，让小智挑选了两张。

小智一边挑选，一边问："可以多给我一些吗？"

妮妮老师说："可以的，每得到一次表扬，就会获得一张。"

小智握着小拳头，自信地说："老师，我一定会得到的。"

首先，复习上次的教学内容，是在生活中找词组，熟练地认读，灵活地运用汉语拼音。

在看图写词组的练习中有柿子的图片。

在写到柿子的时候，小智说："我很喜欢吃柿子，但是柿子和柿子的味道不同，有些是甜的，有些是那样味的；有些是软的，有些是硬的。"

13

　　当时，他想表述有的柿子的味道不同，却找不到恰当的词汇来描述，就把鼻子一翕，嘴巴一翘，说："就是那样的不同。"小智努力地用表情来表述柿子涩的味道。

　　妮妮老师告诉他那种味道叫涩。

　　小智兴奋地拍着手说："对，对，对，就是涩。"

　　妮妮老师说："一般甜的柿子软，硬的柿子又涩又脆。"

　　妮妮老师马上让小智写下了"柿子"和"涩"的词组和拼音，并尝试造句：柿子涩，柿子甜。我喜欢吃甜柿子。

　　小智为难地告诉妮妮老师他不怎么会写"甜"字，于是妮妮老师就画田字格，小智就在田字格里练习。

　　小智喜滋滋地告诉妮妮老师："以前我怎么都不会写这个'甜'字，今天，我一下子就会写了。"

　　妮妮老师立刻奖励小智一张小贴纸。妮妮老师伸出右手的大拇指，和小智右手的大拇指碰了一下，表示祝贺。

　　在做完课本上的练习后，妮妮老师提议小智唱一首歌《小蝌蚪的学校》，还让他试着写下这首歌的歌词，要求是能用汉字表示的地方就用汉字，不会写的汉字就用拼音表示。

　　　　小蝌蚪的学校在小河中，

　　　　从外向里看，

　　　　从外向里看，

　　　　大家在游泳。

　　　　小蝌蚪的学校的学生是小蝌蚪。

　　　　谁是学生？谁是老师？

　　　　小蝌蚪一个接一个，

　　　　大家快乐地在游泳。

　　在歌声中，小智寻找着汉字和汉语拼音。小智喜欢唱歌，学习的热情高涨起来，小手一刻不停地写着。

不知不觉中，教学目标达成了，小智能熟练地掌握和运用汉语拼音了。

一个小时的学习时间很快就过去了，小智还是不肯罢笔，他又想起了另一首歌，他要把他喜爱的歌词写出来，作为礼物送给妮妮老师。小智的母亲看时间到了，就善意地提醒妮妮老师学习可以结束了。可是妮妮老师没有离开，延长了学习时间。半个小时过去后，小智很努力地用拼音和汉字写了一首歌词送给妮妮老师，还送给了妮妮老师一个折纸作品——一顶可爱的帽子。

今天，妮妮老师很幸福，收到了孩子用心制作的宝贵的礼物，生动的歌词仿佛是涓涓的溪水流过孩子和老师的心头：

> 花儿开了，
>
> 花儿开了，
>
> 红色的、黄色的、白色的，
>
> 每一朵都漂亮，
>
> 采一朵花送给老师，
>
> 送给母亲，送给同学。

当妮妮老师告别小智母亲的时候，小智又坐回课桌旁，继续寻找着拼音里的快乐。

（教育分析）

1.让拼音在童心中跃动

童谣《小蝌蚪的学校》赋予了拼音生命力，让枯燥的、个体的、单调的拼音，突然变成具体的、有生命的、有韵律的歌声，这歌声让拼音变成了立体的图像；拼音幻化成小蝌蚪在小河里游动——那是汉字和拼音在游泳。

唱歌和写歌词是小智感兴趣、喜欢的事。小智在写歌词的过程中需要动脑筋，不懂的时候，他就去查阅字典，这就是学习的过程，这样的学习孩子学得开心、学得自觉，况且在这样的活动中，不仅能发展思维能力，又能提高自学能力。正所谓"授之鱼不如授之渔"。

视觉的激发，听觉的调动，调节了孩子的情绪，使其在轻松愉快的情绪中，学习和掌握了拼音，并锻炼了生命感知方面的能力。这不是通过外在的知识灌输和技术训练，而是通过自然的、流畅的生命热爱教育，让孩子快乐地获取和掌握知识的方法。

2.树立孩子的自信心

成功会使孩子感到满足，是孩子愿意继续学习的一种动力。因此，当孩子告诉老师他不会写"甜"字，老师就画田字格，让孩子在田字格里练习。当孩子兴奋地告诉老师："以前我怎么都不会写这个字，今天，我一下子就会了。"教师在孩子有进步时，立刻奖励其一张小贴纸，并且伸出右手的大拇指，和小智右手的大拇指碰了一下，表示祝贺。拇指与拇指的碰撞会使孩子产生一种和教师相契的感觉，爱与呵护就像潺潺溪水顺着手指在孩子的身体里流淌，让他体验到成功的喜悦。孩子的心理尚未成熟，成功的喜悦只是一种自我认识，孩子注重教师对自己的评价，能够得到表扬性的评价，孩子就会体验到成就感，从而树立自信心。真诚的鼓励比其他任何方式更能激励孩子热爱生活、热爱学习。

当孩子体验到成就感的时候，就会有兴趣，有信心去实现下一个目标。随着一个个小目标的实现，孩子就会不断地进步。教师将生命热爱渗透到点点滴滴的教学中去，耐心地指导，精心地呵护，使孩子体验到克服困难后，获得成功的乐趣。

鼓励的目的是让孩子树立信心，用自己的力量去学习、去进步。同时，鼓励一定要适时，方法一定要恰到好处，不留痕迹。

3.教师要学会读懂孩子的肢体语言

柿子和柿子的味道有不同。在过去的生活中孩子深有体会。在学习中，孩子思维敏捷，很快就联想到了有些柿子是涩的，但是，又不会表述。教师读懂孩子肢体语言对实施有效的教学是非常必要的。

4.尊重孩子的成长步调

当学习结束，孩子却仍然沉浸在学习之中的时候，如果教师草率地结束学习，孩子的专心就会被打断，就会养成虎头蛇尾的习惯。在这个案例中，教师及时延长了学习时间，自然地培养了孩子的专注力和持久性，尊重了孩子的成长的步调。

读者点评

读者点评1

支持你的一个观点：发掘和利用孩子的兴趣爱好，以此为切入点，循序渐进，一定会有好的效果。

读者点评2

太棒了，如此细致，如此深入，如此体贴。现在我们把知识快速投给孩子们，也不管他们是不是一个好球手，进不了球就对其处罚。

如果妮妮老师提出的教育理念能够普及，不仅限于语言文字3，那有多好啊。

藏在汉字里的汉字

今天，妮妮老师和小智学习课外阅读《秋天》。

秋天，

天蓝蓝，水清清。

叶儿红，叶儿黄。

红叶好看，

黄叶也好看。

秋天里，

绿领巾到学校，

好好学习，

天天向上。

小智小心翼翼地拿起笔来问："老师，秋怎么写啊？"于是妮妮老师把秋拆分为两个汉字：禾与火。妮妮老师告诉小智："秋是由禾与火组成的，禾是秋的部首。"小智在本子上练习写了"禾""火""秋"三个汉字，并在汉字上标上了拼音。

小智写禾的时候，惊喜地说："妮妮老师，妮妮老师，快看啊，禾是木字斜戴一顶小帽。原来汉字也怕晒啊，妈妈说戴帽子可以防辐射。"

小智的发现让妮妮老师开心地笑了。

"木字戴上了帽子，就变成了另外一个汉字了，读成hé。"妮妮老师说。

"真的吗？太有意思了。那禾是什么意思？"小智问。

妮妮老师解释说："禾是谷物的总称。谷类包括稻米、小麦及其他杂粮，如玉米、小米、黑米等。"

"那我明白了，秋就是东西成熟的季节。用火一烧正好能吃。"小智眨着明亮的大眼睛说。

妮妮老师接着要求小智数一数秋的部首笔画、部首外笔画及总笔画。

小智用食指在汉字上画着，并回答说："部首笔画：5，部首外笔画：4，总笔画：9。"

小智突然又问妮妮老师："老师，汉字里有加法吗？"

妮妮老师微笑着问小智："你说呢？"

"禾＋火＝秋哦。这汉字还很调皮，和我躲猫猫，我一下子就把它们全抓到了。"小智呵呵地笑着说。

妮妮老师赶紧举起双手和小智击掌表示祝贺。

从小智调皮的语言中，妮妮老师欣喜地看到小智思维敏捷、联想丰富，是一个非常有创造力的孩子。

妮妮老师对小智说："我也找到汉字里的加法了。"

小智眨着明亮的双眼，着急地问："在哪里？在哪里？"

妮妮老师拿起笔一边写一边读："日＋十＝早；十＋日＋十＋月＝ 朝；牛＋一＝生"。

小智马上说："我认识那个牛字。"

他乐此不疲地学习着汉字，再由汉字学习拼音。

今天，小智不仅记住了"禾""火""秋"等汉字，还对汉字有了亲切感，并且自然而然地、快速地接受了汉字。

在妮妮老师要离开小智家的时候，一直悄悄地观察小智学习的小美来到了书桌前，轻轻地摇着妮妮老师的手说："妮妮老师，我也想学习。"

"是吗？那太好了。"妮妮老师惊喜地说。

妮妮老师马上给了小美一张白纸、一支笔。

小美说："老师，给我画张图画吧。"

于是妮妮老师画了一张小女孩的头像。她在头像上标上了"脸""发""鼻子""嘴"等汉字。而且这张脸的轮廓是拼音的o，耳朵是拼音的b，嘴巴是拼音的u，鼻子是拼音的l，眼睛是拼音的e，头发是拼音的i。

小美坐在妮妮老师的腿上，妮妮老师的手握着小美的手，指着小女孩的头像，一会儿读读拼音，一会儿读读汉字。小美认真地跟着妮妮老师读着这些汉字和拼音。

突然，小美问："哥哥用那只手写字，我只能用这只手写字，我能写字吗？"

原来小美是左撇子。妮妮老师抚摸着小美的头，告诉小美："你是用左手写字，哥哥是用右手写字。用左手写字的小朋友也是聪明的孩子。"

小美放心地笑了。马上，小美用左手给妮妮老师写了一个长长的一字。

小美说："老师，我会写一字了，你看它好细，好细，好长，好长啊。"

这时候，母亲回来了，她怕耽误妮妮老师的时间，就把小美叫走了。妮妮老师从小美的眼神中读到了她对学习的好奇和渴望，还有期待的快乐。

教育分析

1.激发探究学习的乐趣

汉字本身包含着丰富的文化意蕴。教师把一个汉字分解成若干个汉字，这不仅降低了学习的难度，还可以让孩子在短时间内认识并掌握大量的常用汉字，这对提升孩子的智力与语言表达能力都是非常重要的。

因为汉字里藏着汉字，所以孩子发现了"汉字的加法"。如果说数学中1+1=2，那么汉字的加法就是一种创造性的艺术教学。一个汉字可以拆分成几个汉字，几个汉字组成了一个汉字。随着一个汉字的拆分，拼音也可以不断地被拆分。

寻找藏在汉字里的汉字的教学方法诱发了孩子学习汉字的兴趣。这种兴趣在汉字的加法中有效地转化为具体的学习行为。这不仅让孩子获得了丰富的知识，更激发了其学习的兴趣，从而吸引其更加热爱汉字。

孩子反应快捷而敏锐，思维独特，教师不仅教会了孩子知识，同时也教会孩子探究的方法，并且与孩子一起体验探究的乐趣。

在整个学习的过程中，孩子始终从老师那里得到对探究的鼓励，一张小贴纸、一次击掌，这些生动的、立体的鼓励激发了其自主学习的动力与兴趣。

2.培养思维的灵活性

教师在教孩子汉字的时候，还教了孩子汉字的拼音及写法。孩子在学习汉字的同时，拼音也得到了复习与训练。反复的实践训练了孩子思维的灵活性，拓展了孩子思维的广度和深度。

中国的汉字数量多得惊人，约有十万多，一个人一生都学不完这么多汉字。汉字加法的诞生让学习汉字、记忆汉字变得简单而有趣。

3.让孩子充满自信

在小智的学习过程中，3岁的小美一直都在悄悄地观察，在她幼小的心中已经感到了学习中有快乐。也许她一直担心自己写字的手和哥哥的不一样，从而对学习有恐惧。今天，老师告诉了小美"用左手写字的小朋友也是聪明的孩子"，这样的回答消除了孩子心中的不安。孩子的世界是很奇妙的，孩子能与家长及教师进行亲切而温暖的交流是非常重要的。教师的鼓励给了孩子自信，教师正向的引导会成为孩子自信和力量的源泉！

孩子的能力不是天生的，自信也不是从天而降的，需要我们用正确的方法在长期的生活和学习中慢慢地培养出来，点点滴滴地积累起来，让我们的孩子在任何时间、任何地点、任何事情中都充满自信，让他们乐观地面对人生，有幸福快乐的生活。

读者点评1

藏在汉字里的汉字是一个很好的发现，也是一个学习汉字的好方法。另外，汉字的加法也将复杂的汉字简单化，在有限的时间里，让孩子的学习效率最大化。这种创意的教学方法是值得全面推广的。

读者点评2

妮妮老师与小美的一段对话很精彩。妮妮老师说："用左手写字的小朋友也是聪明的孩子。"这样的回答将在小美幼小的心灵中播下自信的种子，这句话将影响小美的一生。

小智的疑问

疑问一：尘埃。

今天，小智一见到妮妮老师就迫不及待地问："老师，尘埃是什么意思？"

尘埃是什么意思呢？妮妮老师思索了一下，走到了花盆前，撮起一点土，然后用两个手指肚将土捏碎，最后，将捏碎的土向空中一扬，然后问小智："你看到了什么？"

小智说："看到了会飞的土。"

"是的，尘埃就是飞扬的灰土。它属于空气中的杂质。在通常情况下，空气是无色透明的，我们用肉眼在不经意中很难看到空气中的杂质。如果一缕阳光照射到屋内，此时你可以看到原本透明的空气，在阳光的照射下，尘埃明显地飘浮于空气中，大大小小、密密麻麻。"妮妮老师耐心地解释着。

接着，妮妮老师让小智来到了电视机前，摸一下电视机的顶部，然后，看一看手指肚上有什么。小智惊奇地发现自己的手指肚上沾上了细小的灰尘。

妮妮老师又建议小智用字典查一查尘埃的意思。

小智在字典中找到尘埃的解释：1.飞扬的灰土；2.尘俗；3.指社会的底层；4.喻肮脏或肮脏的东西……

小智开心地对妮妮老师说："其实，我不仅摸到尘埃还看见尘埃了。"

妮妮老师抚摸着小智的头说："小智真了不起，发现了尘埃藏身的地方。"

妮妮老师接着问："你听说过野马尘埃这个成语吗？"

"没有。"小智一边回答一边又翻开了成语词典，查找"野马尘埃"的意思。

不一会儿，小智一脸骄傲地说："状如野马的云。比喻容易消失的事物。"接着小智抱着成语辞典神秘地问："妮妮老师，尘埃落定是什么意思？"

妮妮老师说："比喻事情有了结局或结果。"

"叮咚，你答对了。"小智拍着手，喜笑颜开地说。

"那蛛网尘埃是什么意思？"妮妮老师问。

小智摸摸头，思考了一下说："那简单，就是脏得到处都布满了蜘蛛网。"

妮妮老师笑着说："嗯，回答得很好，那为什么到处布满了蜘蛛网啊？"

"那是因为房间被蜘蛛占领了呗。"小智自信地说。

妮妮老师又问："占领了是什么意思啊？"

"就是这个地方属于蜘蛛了。"小智眨着明亮的黑眼睛说。

"是的，蛛网尘埃是形容居室、器物等长期封存而无人动用。"妮妮老师解释到。

"尘埃还有这么多意思啊，真好玩，真好玩！"小智开心地说。

疑问二：37度。

小智明白了尘埃的意思后，又问："老师，37度是什么意思？"小智的问题还真难回答。妮妮老师心里这样想着。

妮妮老师说："你去寻找一下温度吧，去摸摸桌子、摸摸玻璃、摸摸我喝茶的热水杯，然后，再仔细想想你摸到了什么。"

于是小智一蹦一跳地在房间里到处触摸。妮妮老师看到小智在认真地探索，开心地笑了。

不一会儿，小智跑到了妮妮老师的面前激动地说："老师，我发现玻璃比较凉，热水杯里的水最热。"

妮妮老师用水杯在饮水机里接了半杯热水，半杯冷水，水温不冷不热。她将水端给小智，邀请小智喝一杯水。

小智接过水杯，愉快地喝下了这杯水。小智说："平时我都喝凉开水，今天喝的是温水，感觉到有股暖流在我身体里跑。呵呵，温度还会跑啊！"

妮妮老师蹲下身子，双手握着小智的手，用亲切的目光注视着小智，和颜悦色地说："恭喜你，你触摸到了温度。温度就是物体冷热程度的度量。"

妮妮老师又问小智："你握着老师的手，你握到了什么？"

小智歪着头想了想说："老师的手不冷不热，我握到了老师的温度。"

"太对了，小智，我们握手时我感觉到了你的温度，你感觉到了我的温度。人体的温度就在37度左右。我们找到了37度。"妮妮老师扬起眉毛，兴高采烈地说。

小智不放心地说："我再到字典里找找温度的意思。"

妮妮老师说："37度有时用来形容人，是形容那种让人感觉温暖而舒心的人。"

"呵呵，那我是37度的孩子，你是37度的老师。"小智笑着说。

小智又搬出了厚厚的字典，像一位学者，端坐在椅子上，认真地读着字典。他一脸的喜悦，笑得闪闪发光。

疑问三：穷人和富人。

最近，小智对妮妮老师有意见：原本小智的母亲答应给他买一个苹果平板电脑让他玩游戏，因为妮妮老师的反对，小智的母亲不给他买了。因为这件事小智非常生气。

小智问妮妮老师："老师，周围的同学都有苹果平板电脑，为什么你不让母亲给我买？同学都说我是穷人了，是妮妮老师让我变成了穷人。"

妮妮老师回答说："是吗？我什么时候成了魔术师了，一句话就可以把小智变成穷人。"

妮妮老师蹲下身子，握住小智的手，凝视着小智的眼睛郑重地对他说："让我们拿出字典，查一查穷人和富人真正的意思好吗？"

"好的。"小智一边回答一边拿出了字典，认真地查了起来。

不一会儿，小智就找到了穷人和富人的注释。

小智告诉妮妮老师："穷人就是缺乏生产资料和生活资料，没有钱的人；富人就是有钱有地位的人。"

"那你是穷人吗？"妮妮老师问小智。

小智摇摇头不做回答。

"你不仅有饭吃、有衣穿，还住高级别墅。最重要的是你有好多爱，爷爷奶奶的爱、外公外婆的爱、爸爸妈妈的爱、妹妹的爱、老师的爱、同学的爱，爱是无价的，你是最幸福的富人。"妮妮老师认真地对小智说。

妮妮老师又说："不是用苹果平板电脑来衡量一个人是否是穷人的。真正的富人是多为社会、为他人做好事，勤奋好学，被别人喜欢的人。我也想成为富人，以后我们一起努力，每天至少做一件好事，好不好？"

"多做好事就能成为富人吗？"小智问。

"是的，有个美丽的传说：在你帮助别人的时候，财富天使就在你的旁边。你每做一件好事，你的财富罐中就会多一枚金币，也就说明你的财富多了一些。所以，让我们多做好事吧，那么，我们不仅天天有财富天使的陪伴，还会拥有越来越多的财富。"妮妮老师说。

"那我要和妮妮老师比一比，看谁更富有。"小智不示弱地说。

妮妮老师和小智从这天开始，有意识地多做好事，每个星期的一次见面，他们还交流做好事的经验。小智还特意准备了一个好事记录本和奖励用的五角星。两个人所做的好事都有记载，红红的五角星炫耀着富人的财富。

 教育分析

1.耐心而巧妙地解答孩子的疑问

孩子的思维是活跃的。其实，他每时每刻都在思考，都在探索。有时候，他会叽叽喳喳问个不停，把大人问得晕头转向。但是无论如何，大人都要耐心地与孩子进行有效的沟通。对待知识问题，要以启发式为主，不宜说得太透，要给其探索与思考的空间。譬如：在学习"蛛网尘埃"的时候，教师是通过提问的方式一点点引申其本意与寓意的。

有时候，孩子还会问一些生理问题，这时候，大人绝不能遮遮掩掩，给孩子留个胡思乱想的尾巴，要直截了当地回答相关的问题。对于是非问题，大人一定要斩钉截铁地说清楚，不可犹犹豫豫、吞吞吐吐，以免给孩子造成思想混乱。对于循环问题，大人可以留些作业，让孩子在自学中，探索知识的原风景。

耐心地倾听孩子的问题，巧妙地回答他们，有助于丰富孩子的知识体系。

2.在生命热爱教育中感悟知识

学贵用心悟，非悟无以入妙。别人的东西永远是别人的，只有自己悟出来的东西才真正是自己的。书本知识是他人的经验总结，对于学习者来说，是间接经验，是外在的东西。怎样把别人的知识变成自己的，需要一个内化的过程，这就是"悟"的过程。

当孩子提出什么是"尘埃"和"37度"的时候，教师没有正面回答孩子的问题，而是让孩子通过视觉看见"尘埃"和"37度"，通过触觉摸到"尘埃"和"37度"。喝一口水，水的温度就在孩子的身体里流动，温度在奔跑，知识和孩子真正地融为了一体。教师有效地调动了孩子的感官机能，给孩子创造"悟"的条件，让孩子在不知不觉中掌握了知识。

春雨"润物细无声"，真正的教育是无痕的。让教育回归本质，在生命热爱

教育中，引导孩子感悟知识。

3.认识自身的能力和价值

妮妮老师蹲下身子，双手握着小智的手，用亲切的目光凝视着小智，和颜悦色地说："恭喜你，你触摸到了温度。温度就是物体冷热程度的度量。"

教师蹲下的原因是大人的身高比孩子高，只有蹲下，才能平视着说话。一个简单的蹲下来的动作彰显了教师对孩子独立人格的尊重。孩子的自我概念刚刚萌生，尚不清楚自我的存在。教师蹲下来，让孩子在教师的眼里看到了真实的自我，在无意识中认识到自己的能力和价值，增强了自信，从而激发了其潜在的能力。

眼睛是心灵的窗口，也是传递信息尤其是心理活动信息最有效的器官。眼神是一种天然的语言。一个眼神就可以传递信息，引导互动，控制行为。

教师和孩子对视着，传递着喜悦、欣赏、赞美等情感。教师用自己的眼神传递信息，用自己的双手传递着温暖，用蹲下来的方式传递着平等与尊重。这些细腻的动作架起了沟通的桥梁。

一句褒奖的话语、一个爱抚的动作、一个深情的眼神、一个无痕的暗示都会给孩子留下刻骨铭心的记忆，促使孩子从一个进步走向另一个进步。

世上每个孩子都是最优秀的。教育学和心理学研究表明，人类潜能的开发不足10%，每个孩子的生命都存在无限的可能性。所以，教师要常常满怀激情地竖起大拇指对孩子说"你真的很棒"，奇迹便由此而生。

4.开展比赛争当富人

教师在富人的概念中赋予了新的含义：做好事的人，勤奋好学的人，被人喜欢的人是富人概念的一部分。教师和孩子开展比赛，争当富人。

每天至少为他人做一件好事。教师有效地将孩子的一个疑问转移到品德教育上，并将其实践到每日的行动之中。

"做一名做好事的人，勤奋好学的人，被人喜欢的人"，一个简单的、实用的理念深深地植入到孩子的内心深处。

5.把攀比的思想扼杀在摇篮中

小智问妮妮老师："老师，周围的同学都有苹果平板电脑，为什么你不让母亲给我买？同学都说我是穷人了，是妮妮老师让我变成了穷人。"小智的这段问话是攀比心理的具体表现。

妮妮老师让小智变成了穷人的做法非常好。如果妮妮老师支持家长买苹果平板电脑，无疑是滋长了孩子攀比的心理。不要以为妮妮老师在小题大做，拜金主义就是从攀比开始的，所以家长不可以掉以轻心。

泰戈尔有句名言："鸟系上黄金，这鸟永远不能再在天空中飞翔。"同样，家长在物质方面无限制地满足孩子的做法，就是给孩子戴上了沉重的金冠，使孩子在原地闪闪发亮，而在人生的旅途上寸步难行。

读者点评

读者点评1

成长中的孩子会有许多意想不到的问题，很多时候家长无法回答。在这个案例中，妮妮老师把复杂的问题通过感官使其简单化，让孩子容易理解和接受。

读者点评2

妮妮老师给了富人新的诠释，这对孩子的教育非常有益。争当富人的活动有效地将品德教育融入生活的实践中。这是真正的无痕的教育，孩子在快乐中成长，成为一个心地纯洁善良、品德高尚的人。

第二章
认知能力

　　认知能力是指人脑加工、储存和提取信息的能力，即人们对事物的构成、性能、与他物的关系、发展的动力、发展方向以及基本规律的把握能力。它是人们成功地完成活动最重要的心理条件。认知能力包括观察力、想象力、记忆力、注意力等。

　　孩子获得知识或运用知识的过程开始于感觉与知觉。

　　感觉是对事物个别属性和特性的认识，如感觉到颜色、明暗、声调、美丑、粗细、软硬等。而知觉是对事物的整体及其联系与关系的认识，如看到一架钢琴、听到滴答的钟声、闻到花香等。这时候我们所认识到的已经不再是事物的个别属性或特性，而是事物的联系与关系了。知觉是在感觉的基础上产生的，但不是感觉的简单相加。

　　实践证明，采用认知工具，能使知识的出现更为形象、自然，符合孩子的形象思维，因而产生的印象就更为深刻。同时，孩子的认知能力也得以提高。

　　从本章的四个故事中，我们会发现低年级孩子的认知能力还在形成中，单凭教师的讲述或孩子的想象，很难对某一个知识点产生深刻的印象。恰当地运用认知工具，尤其是手工制作的认知工具，可以使复杂、抽象的教学内容显得比较简单、明确和具体。艳丽的色彩、生动的形象、动听的声音把孩子牢牢地吸引住，不仅大大提高了孩子学习的效率，还能使他们很快领悟知识的意思。正如苏霍姆林斯基说过的那样："小孩子往往用形象、色彩、声音来进行思维。"

　　阅读本章，您将感悟到：

　　每一个知识点都有立体的画面感，这些画面无比温馨，无比可爱。孩子在对知识的敬仰与热爱中，通过感官去触摸、聆听、观赏、品尝知识，在身心的喜悦中，提高认知能力。

时 间 跑

妮妮老师今天的教学计划主要是帮助小智认识时间，继续熟练地掌握并灵活地运用拼音和词组。

为了有效地学习，妮妮老师用硬纸做了一个时钟。时钟上有时针、分针、秒针，还有清晰的时间刻度，想让小智通过视觉看到时间的模样，通过触觉触摸到时间的脉络。

今天，小智早早地就坐在书桌前，等待着学习。首先，他做了语文课外练习。他很认真地写，还把练习题上的图画涂上了色彩。课外练习结束时，妮妮老师看到小智的语文练习字迹清晰，书写端正，书面整洁。

妮妮老师满意地说："练习完成了，接下来我们一起复习功课吧。"

小智说："邻居家的小朋友买了新的游戏机，正等着我去玩呢，我要去朋友家里玩。"

妮妮老师没有直接否定小智的决定，而是说："我有棒棒糖噢。"

小智听后，眼睛一亮，问了一句："真的？快给我看看。"

妮妮老师打开包给他看了一眼。

小智说："可以给我一根吗？"

妮妮老师说："可以，但是你必须要学会写：我喜欢棒棒糖。"

小智欣喜地说："好的。"

小智先在纸上画了几根棒棒糖，然后就认真地把"我喜欢棒棒糖"写了五遍。小智写得很好。

妮妮老师奖励了他一根棒棒糖。小智说他喜欢橘子味的，可是妮妮老师没有橘子味的棒棒糖，结果小智挑选了一根苹果味的棒棒糖。

根据这一过程，妮妮老师和小智一同编写了一首童谣《时间的味道》：

　　橘子味的棒棒糖，

　　甜甜酸酸，我喜欢。

　　时间就像棒棒糖，

　　贴上a、o、e，

　　越吃越香甜，

　　越学越快乐。

　　时间有味道，

　　甜甜酸酸，我喜欢。

小智说："我想给妹妹要一根棒棒糖。"

妮妮老师说："可以，但是你必须要先学会时间的表述方法。"

小智用手触摸着时针、分针、秒针。小智开始的时候只知道短针是时针，长针是分针，不知道时钟上还有秒针。

小智还学习了1分钟、2分钟、3分钟……10分钟的表述方法。接着妮妮老师又和小智一起编写童谣《时间跑》：

　　滴答、滴答、滴答，

　　时间跑。

　　圆圆的跑道一、二、三，

　　母亲、大宝和小宝，

　　时针、分针、秒针跑，

不怕风雨太阳晒，

不怕日夜多辛劳，

时间跑。

一圈十二小时，时针母亲跑，

一圈六十分，分针大宝跑，

一圈六十秒，秒针小宝跑。

圆圆的跑道一、二、三，

滴答、滴答、滴答，

时间跑。

小智用手转动着时针，他的身心都跟随着时间在运动。妮妮老师报时间，小智在模拟时钟上迅速地表现10点25分、9点03分、12点……

"我找到了，我找到了。"小智不断地欢呼着。

小智通过编写、诵读童谣和动手操作，对时间有了更清晰的认识。妮妮老师又奖励了他一根棒棒糖。

一小时的辅导结束时，小智突然拿出了课本，主动要求做老师。小智站在场地当中，提示说："老师不准读，听我的。"

妮妮老师说："好，听你的。"

小智双手捧着课本，声情并茂地朗诵着一篇又一篇课文。

最后，小智满足地拿着"时钟"和棒棒糖找妹妹去了。

临走前他喊着："妮妮老师，我喜欢你。"

望着小智快乐的背影，妮妮老师无比喜悦。妮妮老师越来越喜欢小智了。与小智一起学习的过程也是妮妮老师自身学习与提高的过程。妮妮老师由衷地感谢小智和小智的母亲给予她的快乐。

教育分析

1.设立目标和适当奖励

在小智想去玩电子游戏的时候,教师拿出了棒棒糖,并设立了奖励标准,以棒棒糖引导孩子学习。棒棒糖有效地缓解了孩子的情绪,将孩子想玩游戏的欲望转变成了学习的欲望。

在词组棒棒糖的基础上扩展成句子,扩展成童谣,从而令知识生动地跳跃在句子中,咀嚼在口中。童谣的编写不仅反复训练了拼音,还丰富了孩子的想象力和创造力,为即将学习的作文打下了基础。

棒棒糖是一个真实的物体,就在孩子的面前,结合童谣《时间的味道》,生动地赋予了时间鲜活的生命,同时也赋予拼音和汉字以生命力,让孩子在快乐中品尝到时间的味道。

教师为孩子设置一个目标,在达到某个目标或阶段后,以一定的物质形式来鼓励孩子所取得的成绩。孩子为了得到奖赏而专心致志地学习,并尽可能缩短学习时间以求得成功。

2.立体教学培养创造性思维

编写童谣和制作认知工具都是立体教学的一部分。

一首童谣《时间跑》,形象、生动地表现了时间的状态,时间的生命力。

"圆圆的跑道一、二、三,母亲、大宝和小宝,时针、分针、秒针跑,不怕风雨太阳晒,不怕日夜多辛劳。"这样的描写让孩子感到时间的友爱与温暖,同时也让孩子感受到了时间的坚强与勇敢。

时钟这一认知工具,让一个复杂的时间概念,真实地、活灵活现地展现在孩子的眼前。其实,教育就是让复杂的问题简单化的过程。孩子在模拟时钟上表现时间的时候,他看到了时间的原风景,他的手触摸到了时间的脉络;他在吟诵

《时间跑》的时候,听到了时间的声音。教师教孩子学习创造性思维,帮助其掌握学习的方法,比不断地叫其背诵、书写更重要。

3.换位学习提高孩子的能力

一小时的辅导结束时,孩子突然拿出了课本,主动要求做老师。孩子主动做老师,他的学习热情不断高涨,这对于其自身的学习有很大的帮助。

读者点评

读者点评1

这是一则智慧教育的成功案例。教师有效地开动了孩子自己的智慧思维,而不是仅仅给他们灌输一些文字、定理、概念等。

读者点评2

教师为孩子亲自做了模拟时钟很让人感动,孩子在学习时间的过程中一定会感到好温暖。这种温暖视觉能看到,触觉能摸到。真好!爱赋予了时间以生命力,孩子怎能不进步呢!

读者点评3

童谣《时间跑》和《时间的味道》写得非常棒,生动形象地表现了时间。对于孩子们来说,时间变得有血有肉,可以看得见、摸得着,他们怎能不珍惜时间,热爱生活呢?

1分钟在哪里

今天，下雨了。

下午4点钟，妮妮老师准时到达了小智家。

小智家进门就是客厅。在花园里，妮妮老师就听到屋内小智和小美银铃般的笑声，还听到小美在说："妮妮老师要来了，快藏起来。"

迎接妮妮老师进门的是外婆。走进房间，果然看不见孩子们的踪影了。

突然，小美从沙发上的小薄毯子下边露出了花儿般的笑颜，随后，小智也从毯子下面探出了头，他们一起对妮妮老师说："老师好。" 两张纯真可爱的脸如盛开的白莲花。幸福的暖流顷刻间流淌在妮妮老师的心头。

小美跳下沙发，扑到妮妮老师的怀里，仰着头，问妮妮老师："给我带小点心了吗？"

妮妮老师抚摸着小美的头，笑吟吟地说："带了，带了。"

每次学习，孩子们都期待着好吃的小点心，吃小点心成了孩子们的一种期盼、一种快乐。给孩子们带小点心也是妮妮老师的一件乐事。点心虽小，但是孩子们吃在嘴里，欢喜在心中，它拉近了妮妮老师和孩子们的距离，让相处的时间充满生活的乐趣。

听说3岁的小美不喜欢学习，所以今天妮妮老师特意买了孩子们喜欢的哆啦A

梦的笔送给孩子们。希望小美因为喜欢笔而想用它去画、去写些什么，从而喜欢学习。

这时，小智的母亲走进来，面带忧虑地告诉妮妮老师："小智还是不认识时钟上的1分钟、2分钟，只认识小时和半小时。"她还告诉妮妮老师："小智把上个星期老师做的模拟时钟上的时针、分针、秒针拆来拆去的，还把老师送给小美的模拟时钟和大的模拟时钟组装在了一起。"

妮妮老师说："上个星期已经学会了关于时间表述的基本语言，接下来要让孩子用自己的力量学会认识时间了。"

小智的母亲望着妮妮老师，妮妮老师从母亲眼里读出了期待与信任。妮妮老师再一次感受到自身责任的重大。

开始学习了。

小智从第一课开始复习并背诵每篇课文。背诵的时候，小智说："我要像老师教的那样，站起来，昂起头，挺起胸，双手背在后面背诵。"说着说着，小智已经自动站起来，非常有自信地背起了课文。背诵课文以后，妮妮老师要求小智默写课文，要求是不写错字、不漏字、不加字，字迹清楚。

小智虽然在默写中遇到了不会的地方，但他还是按照要求默写了课文。

学习完语文后，妮妮老师和小智再度用模拟时钟认识时间。他们一起旋转着模拟时钟上的分针，温习着1分钟、2分钟的意义。

小智说："我要像老师那样画时钟。"

小智很快就画了一个时钟，他在表盘上又标上了分的刻度。小智画着画着，突然抬起头来问："老师，1分钟在哪里？"

"1分钟在哪里？"妮妮老师犹豫了一下，马上反应过来，原来孩子是在问，在表盘上，每一小时中1分钟开始的起点在哪里。

妮妮老师握着小智的手，一起在表盘上12点的地方触摸到了一小时当中1分钟的起点。小智的手沿着起点开始读1分钟、2分钟……60分钟。

小智跳了起来，喊着："我认识时间了！"

这时的小智的眼里闪烁着快乐的光芒。妮妮老师无意中看到玻璃门外的外婆也开心地笑了。这时小智也意识到外婆站在门外。一直反对家人驻留在学习现场的小智，一蹦一跳地打开门，把外婆拉到了书桌旁，用手触摸着模拟时钟，有板有眼地教起了外婆。接着，小智又站到椅子上，用手去触摸挂在墙上的时钟。

最后，小智摇着妮妮老师的手对妮妮老师说："快去告诉母亲吧，我会认时间了。"

妮妮老师问："母亲在哪里？"

小智说："在花园里。"

于是小智躲在妮妮老师的身后一起来到了花园。当小智的母亲听到了这一消息后，开心地笑了。小智自豪地望着母亲的脸，也开心地笑了起来。

今天，最大的收获是孩子用自己的力量学会了读时间。

教育分析

1.跨越障碍便能豁然开朗

教师认为简单的问题也许就是阻碍孩子进步的障碍。教师在最开始教时间的时候，没有及时告诉孩子，在表盘上，每一小时中60分钟的起点和终点在哪里，只是机械地告诉了孩子相关的词组。

孩子问："1分钟在哪里？"这个问题很抽象，教师能正确地解读是非常重要的。孩子自身其实一直都在探索时间的奥秘。孩子在探索的过程中，不懂不会的地方又不能够像大人一样表述出来，所以一直徘徊在只认识一小时和半小时的基础上。当教师的手和孩子的手一起触摸到了60分钟在表盘上的起点的时候，一直以来让孩子为难的问题，豁然开朗。孩子用自己的眼睛看到了问题"1分钟在哪里"的原风景，用自己的手触摸到了时间的脉络。教师在教孩子学习的过程中，给孩子准备了模拟时钟。孩子在模拟时钟中，用自己的感官认识知识，用自己的能力去思考、去探索。

在学习的过程中，让孩子自己想、自己说、自己做，一切都是用孩子的自然智慧学习、探索、交流、提问、实践。用孩子自己的大脑思考，去认识自然、探索科学、发现真理，是非常重要的。

2.在实践中开发潜能

孩子把模拟时钟上的时针、分针、秒针拆来拆去的。还把老师送给妹妹的小模拟时钟和大模拟时钟组装在了一起，这个过程是非常可喜的，这说明孩子已经对时钟产生了兴趣。孩子在拆卸、安装的过程中，思想翱翔在自己的世界里，思维的空间无限扩大，孩子的思考能力、想象能力、创造能力已经不再局限在时间这一概念上了；孩子在拆卸的过程中不断收集知识、鉴别知识、综合知识，这是一种智慧的自我锻炼的过程，是潜在的能力提高的过程。

 读者点评

读者点评1

找到了时间1分钟的起点，犹如找到了老师教学和孩子学习的新起点，祝贺老师及孩子们。

读者点评2

很多家长都害怕孩子拆卸家里的东西。其实，在拆卸中孩子的视野不断地扩大，同时，对事物也有了更深刻的认知。拆卸是迅速提高孩子思维能力、动手能力的一个好方法。

学　钢　琴

最近，小智的母亲一直纠结在让小智学钢琴还是学小提琴的问题上。妮妮老师给小智母亲的意见是让孩子自己选择。

星期天，她们一起带着小智去了琴行，远远地就听到琴行里传出悠扬的琴声。走进去，透过玻璃门一看，有几个小朋友正在各自的房间弹钢琴，其中还有一个是小智的同学。这位同学已经学过一年的琴了，正在弹《小蝌蚪的学校》，小智听到后羡慕极了，跃跃欲试。这时，琴行老师走过来，让他试试。小智小心翼翼地将手指按在了琴键上，钢琴立刻发出清脆悦耳的"哆来咪"的声音，他表现出了极大的兴趣。老师问小智喜欢什么童谣，小智回答说："《小蜗牛》。"

于是老师坐下来，开始弹奏《小蜗牛》。只见她上身坐直，身体舒展，轻轻提起双手，置于键盘之上，左右手协调配合，灵巧的手指像十名芭蕾舞演员跳跃在琴键上。柔美的乐曲从指间流出，像清泉一样流遍全身，让人完全陶醉在音乐之中。小智听得手舞足蹈。

妮妮老师把这一切看在眼里，就来了一个"欲擒故纵"法，说："不早了，我们回去吧。"

小智说："我还想在这玩一会儿。"

小智久久不肯离去，东瞅瞅西看看，站在别的小朋友后面看着他们弹琴。最后，在妮妮老师的反复催促下才依依不舍地离开琴行。

回到家后，小智心神不宁，过了一会儿，走到妮妮老师旁边，说："老师，我想学钢琴！"妮妮老师一听，心里很高兴，小智终于有了自己的选择，开始了学习钢琴的历程。

学习钢琴是件很辛苦的事。

学习钢琴要先学习识谱，那五线谱像一个个小蝌蚪，在书中跳跃着，顽皮的小智总是弹几个音，玩一会儿，而且弹一会儿就要在琴谱上涂鸦，飞机呀大炮啊都画在了书上。

刚开始学习的时候，小智的小手在钢琴上就是不能灵活地运动，这个指头按下去了，那个指头又翘起来，十个指头在键盘上此起彼伏地"捣蛋"，始终不能让手在键盘上呈握球状的拱形。

每次，小智都是兴致勃勃、像模像样地坐在钢琴前学，可是新鲜劲一过，就不耐烦了。练琴时，他故意捣乱，一会儿在乐谱上画来画去，一会儿说手指不能动了，一会儿说眼睛睁不开了，一门心思想"罢工"。

针对这一现象，钢琴老师把韵律操和学钢琴结合起来。开始学习一首新曲的时候，钢琴老师先让小智跟着钢琴的节奏做韵律操。

所谓的韵律操就是在钢琴伴奏下"手舞足蹈"，手臂基本动作是摆动、绕环、波浪及组合练习，腿部的动作是通过脚、小腿和大腿通过踝、膝、髋各关节的活动来完成跺脚、擦地、踢腿、举腿、屈伸、下蹲等动作：第一、第二拍，右腿屈膝，脚尖点地，小腿垂直于地面；第三、第四拍，右脚重心由脚尖滚动到全脚掌时，膝关节蹬直，同时左腿屈膝，脚尖点地，重心柔和地移至右腿，移动重心时要求提臀。

开始练时，小智手忙脚乱，慢慢地他进入了角色，美滋滋地舒展着手脚，惬意地跳来跳去。小智跳完了韵律操，就要交换成小智弹琴、老师做韵律操。小智不会弹时，老师就教耐心地教，小智也认真地学。就这样，练到到第十遍时，小

智兴奋地说："老师，你跳吧，我会弹了。"不知不觉中，小智既跳了韵律操，又练习了弹钢琴，一举两得。

每次钢琴课结束后，小智都会教母亲和小美跳韵律操。看着母亲和小美跳韵律操的样子，小智的心里别提有多高兴了。

韵律操内容很多，难度也很大。小智为了能够让老师、母亲和妹妹听清楚自己弹的钢琴曲的节奏，自觉地刻苦练习，每天都坚持练习一小时。

在小智的心中，在别人跳韵律操的时候负责弹好钢琴，已经成了一份义不容辞的责任。

时间在飞逝，在韵律操的节奏中，小智的钢琴技能突飞猛进。

前些天，在父亲生日的时候，小智还献上了一曲《生日歌》。父亲收到了这份珍贵的礼物，激动得热泪盈眶。

 教育分析

1.让孩子做自己的主人

在孩子学琴的选择上，家长先让其参观了钢琴教室，通过感官教育，极大地调动了孩子对钢琴的兴趣，由此把选择权交给了孩子。这种做法让孩子做了自己的主人。学会自主选择在个人成长过程中是一项重要的能力，是孩子独立性的具体表现，是孩子健全人格发展中最重要的组成部分，是孩子自我发展的一种动力。

在家庭教育中，大人要尽可能不把自己的思想直接灌输给孩子，要留一些时间、空间给孩子独立思考，只要是孩子自己动脑筋思考出的结果，家长应尽可能地接纳它并付诸实践。孩子在自我的选择中，会感觉到来自父母的关怀与呵护，拉近了孩子与父母的距离。

孩子的自主性往往表现在他的选择上，飞人乔丹的母亲曾经深有体会地说：

"在放手过程中，最棘手、最不放心的问题，是让他自己追求梦想，选择属于自己的道路。"一般来说，孩子对自己选择的事情都会有一种潜在的责任感，都会努力地去证明自己的选择是正确的。

2.让孩子的综合素质得到提高

世界上有种语言，叫做音乐。世界因为有了音乐，变得更加温馨，能够用音乐传递美好的人，都是聪慧而善良的人，钢琴是音乐的发音盒。

在学习钢琴的过程中，为了避免枯燥的练习，教师在钢琴的学习中加入了韵律操的学习，让孩子在音乐中通过肢体表现音乐的内涵。韵律操不仅使其身体和心灵更理解节奏，还能帮助其身心达到愉悦与平和。同时，为了给他人伴奏，弹好钢琴变成了孩子的使命与责任。韵律操不仅激发起练习者的兴趣，陶冶美的情操，还能延缓疲劳的出现，增强练习的效果。音乐中的快乐，让学习钢琴具有了感染力和生命力。

3.让孩子更加具有毅力、耐力、信心和勇气

学钢琴很难，坚持更难。但是孩子在韵律操的"召唤"下，刻苦练习。这种训练需要毅力、耐力、信心和勇气。

弹钢琴始终要求听觉的专注、敏感，十个手指在各自独立的前提下积极活动，需要双手及全身肢体的协调配合。孩子演奏钢琴时，通过手、眼、耳、脚、脑等的并用，锻炼了自身的协调能力、反应能力、记忆能力、注意力，培养了独立思考和解决问题的能力等。

爱有花开

读者点评

读者点评1

教师把韵律操引入到钢琴的教学中去，让孩子在轻盈的舞步中，蹦蹦跳跳地、快乐地学习。其实，韵律操就是一种科学的、严谨的、精巧的游戏，值得推广。

读者点评2

现在很多家长强迫孩子学习乐器，目的是在应试教育制度下能够加分，人为地歪曲了学习乐器的目的。在这个案例中，妮妮老师采取的欲擒故纵的方法非常好，给孩子自己选择的机会，让孩子做自己的主人。这不仅尊重了孩子的独立意志，更能增加孩子的自信心，对培养一名有担当的孩子非常有意义。

做 瓷 器

星期天，小智的母亲约妮妮老师一起带着小智和小美去陶艺坊参观。

在陶艺坊体验教室门外，两个孩子将头探进教室，看见许多小朋友都在兴高采烈地玩泥土。

在陶艺坊，孩子们有了亲手做瓷器的机会。

在开工之前，陶艺老师介绍了制作步骤：一件瓷器的诞生，要经过拉坯—烘烤—冷却—成型—构图—上色—烘烤—冷却—成品等多道工序。

陶艺老师还示范性地做了一个茶杯，她一边做，一边讲解制作要点及注意事项。

小智有点等不及了，陶艺老师一讲完，他就系上围裙，坐到了拉坯机前的椅子上。

在陶艺老师的指导下，小智先用水沾湿双手，然后拿起一块方形的瓷土，放在拉坯机上，轻轻一踩机器的踏板，转盘就呼呼地飞转起来。小智惊叫着："好快呀，瓷土要飞出去了。"

守候在一旁的陶艺老师马上叫小智用手扶住旋转的瓷土，双手呈圆形，捧住瓷泥，将其缓慢地拉高。瓷泥在旋转中被拉升，在拉升中长高，在长高中变形，方形瓷泥变成了圆柱形瓷墩。

接着，小智将两手的拇指插在圆柱形瓷墩中间，其余四指并立，挡在外面。不一会儿，圆柱的一部分就变成了圆杯，圆杯在转盘上舞动着，小智又慢慢地两手往外拉圆杯的侧壁，很快把圆杯变成了圆盘子。

拉坯机缓缓地停下来，陶艺老师用线将圆盘切割下来。一件软软的、滑滑的作品带着温度，如婴儿般地诞生了。小美探着头，目不转睛地盯着哥哥创作的每一个细节。当哥哥的第一个作品诞生的时候，小美伸出手捧起了它，踮起脚尖，一步一步小心翼翼地向门外走去，因为陶艺老师说："作品要晒太阳的。"

这时，小智的脚又踩动踏板，拉坯机又旋转起来。

"这回做什么呢？"小智自言自语地说。

"嗯，知道了，做个小花瓶。"小智一边念叨着，一边将两个拇指伸进了圆墩，圆墩的一部分又成了圆柱形水杯，小智的双手在离水杯杯口4厘米左右的地方，一边收缩杯口，一边缓缓向上托着，水杯变成了长颈花瓶。旋转的花瓶就像一个芭蕾舞演员，伸展着腰肢，舞动着身体。

小智叫着："快看啊，瓷土跳舞了。"

小美也说："真的跳舞了，小花瓶像个小人。"

拉坯机缓缓地停下来，在老师的帮助下，小智学着陶艺老师的样子，用线将小花瓶从瓷土上切割下来。他将其捧在手里，仔细欣赏着自己的"杰作"。

两个孩子对着花瓶指指点点，咯咯地笑个不停。

拉坯机上还剩下一块瓷土，老师对小智说："小朋友，你还可以做一样东西。"

"还可以做吗？"小智一边问一边开始工作。这回小智很熟练，不一会就做出了一个漂亮的碗。小智捧着碗，喜笑颜开："这个碗要送给妈妈。"

一直在旁边观看的小美也不示弱地说："我也要给妈妈做一个盘子。"

小美向陶艺老师要了一块瓷土，系上围裙，也像模像样地坐在了拉坯机前。可是小美够不到拉坯机的踏板，陶艺教师就走过来帮助小美踩踏板。由于小美控制不好瓷土，多次造成开洞的瓷土上方变形，不能使用。急得小美眼泪汪汪，两眼红红，喊着叫着："老师，瓷土不听话，瓷土不听话。"

踩踏板的陶艺老师马上将自己的手扶在小美的手上，四只手小心翼翼地扶着瓷土旋转，陶艺老师的手好像有魔法，那不听话的瓷土，一下子就变得有模有样。在陶艺老师的帮助下，小美做出了一个盘子，但盘子的边还是不规则。小美捧着自己的"作品"问老师："这盘子怎么这个样啊？"

陶艺老师笑着说："这很像古代的艺术珍品，非常宝贵啊。"

小美一听，干劲更足了。她又一鼓作气做了一个小花瓶和一个碗。

孩子们的作品暂时晾晒在外边。小智站在自己的作品前，若有所思地问妮妮老师："我以前也参加过陶艺制作，可是以前的土是黄颜色的，这次的土为什么是灰白色的呢？"

"这次我们用的是瓷土，瓷土是灰白色的。上次你用的是陶土，陶土含有铁质，呈黄褐色。"妮妮老师解释说。

"我说嘛，这次的土凉凉的，滑滑的，上次的土不滑。"小智说。

"陶瓷的英文写成'CHINA'，中国的英文也写成'CHINA'。"妮妮老师说。

"是吗？那是为什么啊？"小智问。

"我们的祖先很聪明，在古代就会烧窑制作瓷器，而且制作得非常漂亮，得到了世界人民的喜爱。中华民族是一个具有智慧与创造力的民族，中国的瓷器更在世界上享有盛誉，'CHINA'也成了中国的代名词。"妮妮老师说。

"是这样啊，那陶瓷的年龄好大啊，像中国一样大。"小智说。

"是啊，陶瓷有悠久的历史。"妮妮老师骄傲地说。

妮妮老师又说："陶瓷是人类利用天然物，按照自己的意志创造出来的一种崭新的东西。陶器是用泥巴（黏土）成型晾干后，用火烧出来的，是泥与火的结晶。陶器的发明，让人类知道自己有无穷的力量，可以改造自然，创造自己喜欢的东西。"

小智频频点头说："是啊，就像我一样可以用自己的力量做花瓶、做盘子、

51

做碗。"

孩子们看着自己的作品，好像明白了很多。

孩子们完成了所有作品的拉坯工艺，剩下的工艺将由工作室完成，十天以后工作室才会将完成的作品送到小智的家里。

对于孩子们来说，这十天的时间太漫长了，也许会等得脖子都长了。

1.纯天然的气息培养健康的身心

泥土不仅孕育着生命，而且自身也有自然的生命形态。当瓷土在拉坯机上旋转、升高、变形时，孩子认真地对待材料，心手一致地触摸泥土，开始了制作陶艺的艺术行为。并从中感受着来自自身生命以外的纯天然的气息。孩子使用最原始的材料，经过直接触摸，平滑与粗糙、坚硬与柔软、凹进与凸出等感知将孩子带入想象的王国，譬如在制作花瓶的时候，在孩子们的视觉中，那花瓶是一个舞者，跳着曼妙的芭蕾。

视觉、触觉和听觉等感官之间的有效配合，激发了孩子们的想象力、创造力和思维力，充分体现素质教育的目的和本质，是美育的生动体现。无形之中全方位地锻炼了孩子的身心，让他们在制瓷的活动中，寻找自己，发展自己，向善、向美，一个平和而温暖的心理世界悄然建立。

2.感受生活情趣与提高身体各部位协调能力

制瓷活动本身是一项综合性的活动，融智力因素与非智力因素于一体，把大脑的抽象思维与手的实际劳作结合起来，让孩子在不知不觉中用手"思考"。

在制瓷的过程中，孩子通过手指、手腕、脚和手掌的不同部位与脑、眼协调配合的过程，视有所感、脑有所思、手有所为、脚有所行，对孩子动作的灵活性、精确性、手眼协调能力的培养起着重要作用，手的精细动作发展也促进了孩子左右脑平衡发展。同时，创作瓷器的过程，是孩子通过自己的双手将想象中的东西变成具体成果的过程，这是所学知识的展示，是孩子观察力和创造力的展示。作品的创作，彰显了个性，培养了孩子的自信心和创造力。

3.中华文化带来的民族自豪感

陶艺是一种既古老又年轻的文化，它与绘画、雕塑一样，都是重要的视觉艺术门类，以独特的艺术语言和丰富的表现力吸引孩子主动参与。孩子们的作品稚拙中跃动着生动，平淡中蕴含着乐趣。通过制作瓷器，教师有效地导入了英文"CHINA"一词，让孩子初步了解陶瓷文化历史悠久，直接感受祖国的灿烂文化，培养孩子的民族自尊心和自豪感。

4.经验的积累和头脑的锻炼

做陶瓷活动体现了对孩子心灵舒展与完善的重视。通过动手劳作、创造生活，孩子不但能够积累经验、锻炼头脑，还能够体会生活的美好，实现德、智、体、美、劳几大要素的相互渗透、彼此促进。

读者点评

读者点评1

看见孩子们做瓷器，我开始流口水了，多么令人羡慕的活动。对孩子们来说这是一次全面发展的理想活动，这样的活动可以促进孩子们创造力的发展，培养他们的生活情趣、增长知识、丰富视野，从小提高感受美、鉴赏美和评价美的能力。

读者点评2

瓷器是一种综合的艺术，集艺术性、趣味性、创造性于一体。如果学校能够开设陶艺课就好了，让陶艺教学与整体教学相互补充、相互融合，促进孩子思维的多元化和综合化，这有利于他们创新能力和实践能力的培养，还可以发展他们的感知力、观察力和想象力。

读者点评3

陶瓷是中华文明的经典产物，做陶瓷能让孩子领会"CHINA"的无穷魅力。让孩子做瓷器是看得见、摸得着的学习活动，对孩子的成长非常有教育意义。通过手工操作，可以使孩子的肌肉群得到锻炼，培养孩子的自信心、耐挫力等良好的意志品质。

读者点评4

孩子天生就是创造的天才，而引导孩子发挥创造潜能的方法，就是给孩子提供创造的条件。通过做瓷器，可以激发孩子的学习兴趣，也训练了他们的动手操作能力，审美能力、想象力、观察力都得到了提高。

第三章
自主探究

flying

love......

自主学习是一种学习方式。它要求孩子做学习的探索者，在教师的引导下发挥自己的主观能动性，调动自己的各种感觉器官，通过动手、动眼、动嘴、动脑，主动地获取知识。自主学习的方式能够唤醒孩子沉睡的潜能，激活封存的记忆，开启幽闭的心智。

自主学习的方式彻底颠覆了传统的被动学习和服从学习。鼓励与引导孩子自主学习，是实施素质教育，全面培养孩子的人文素养、科学精神、创新意识、实践能力及终身学习能力，使他们具有优秀品德情操和心理素质的有效途径，也是实现现代教育的行之有效的方法。倡导自主探究学习，是基于对孩子的尊重。尊重孩子，也意味着尊重孩子的需要：孩子有探究的需要，有获得新的体验的需要，有获得认可和欣赏的需要，也有承担责任的需要。

开展自主学习，孩子应在教师的科学指导下自己去制定有效的学习计划和学习策略，并调节和控制各种任务行为，进行创造性的学习活动。

教师在教学中依据孩子实际的知识水平和能力，以主题知识为中心，从孩子已有经验出发，营造轻松愉悦的学习环境，引导孩子积极主动发现问题，解决问题；调动孩子作为主体的参与意识，让孩子自己动手、动脑，体验知识、走进知识；在学会知识的同时，注重激发孩子关注社会、关注生活的欲望，培养责任感。总之，尊重孩子发挥他们的主体作用，培养他们终身学习的能力，让自主探究学习成为一种生活的习惯，达到"学中乐，乐中学"的效果。

其实，知识就在身边。教师可以从生活中激发孩子对知识的敬仰与热爱。知识来源于生活，回归于生活。结合孩子生活中熟悉的、感兴趣的事进行改编，然后进行教学，让孩子觉得自己学习的知识都是生活中常见的、熟悉的、与自己有关的，学习后又能用这些知识解决生活中的问题，他们就会明白知识是很有价值的。这样不仅让孩子在不知不觉中学会了课本中的知识，也让他们明白学习就是帮助自己解决问题，还可以营造一个活跃、和谐的良好教学氛围。

教育家苏霍姆林斯基提出："教师要把人类的智力财富传授给孩子，并能在他们的心灵中点燃求知的欲望和热爱知识的火种。"

让孩子在不知不觉中接受了新知识，同时因为这个结果是他们亲自动手操作而得到的，不是教师灌输给他们的，所以记忆深刻、不易遗忘，并能促使孩子想去学习更深层次的知识，总结出更多的规律，乐于探究知识。

教学是教师"教"和孩子"学"相互作用的过程，也是师生情感交流的过程，两者都有各自的特点和规律，丢掉其中任何一方都无法使教学活动真正走上科学的轨道。

最终，孩子在自主学习探究中达到学习目标，形成科学认识。教师通过精讲、释疑，帮助孩子深入理解并掌握知识的重点与难点，树立正确的人生观、世界观、价值观。通过教师必要的讲解，还能纠正孩子的错误认识，补充不足，形成正确的认识及知识体系，对孩子已有的知识进行提升。

在本章的五个故事中，看教师如何将教学内容巧妙地转化为问题情境，引导孩子多问几个为什么，帮助孩子进行再创造。孩子从课本中所学到的知识是有限的，教师引导孩子由课本延伸到更为博大的领域，开阔视野、丰富知识。阅读本章，您会看到：

孩子如何自主探究，学会学习，发展自我；教师如何更新教育观念，优化教学策略，为孩子积极创造自主探究的条件，使孩子在不断的探究中向更高的层次发展，让孩子真正成为发现者、探索者、研究者。

逛　超　市

今天，妮妮老师计划和小智一起练习进位加法。但是在妮妮老师与小智见面之前，小智玩了两个多小时的游戏机。妮妮老师来的时候，小智已经是满脸倦容，精神懈怠。他的头懒懒地趴在书桌上，毫无学习兴趣，勉勉强强做了几道十进位加减法的数学题。

小智在学校里学的是横式加减法。妮妮老师认为横式加减法对初学数学的孩子来说比较抽象，算法不够直观。妮妮老师决定教会小智用竖式计算加减法。

例如8+5=13，妮妮老师就用竖式与小智沟通：

$$
\begin{array}{r}
8 \\
+\ 5 \\
\hline
13
\end{array}
$$

8到10还缺2，5和8是好朋友，5就分了2给8，这样8就变为了10，5剩下的3又要和10做好朋友，所以好朋友10和3在一起变成了13。

小智迷迷糊糊，懒洋洋地拿着笔，心不在焉地在练习本上乱画一气。妮妮老师觉得调整孩子的精神状态是首要任务，所以她决定和小智一起去逛超市。因为决定得很突然，小智的母亲一脸疑惑，但她还是尊重了妮妮老师的决定。

于是，小智脖子上挂了一个小钱包，钱包里放了一张50元，身上挎了一个小书包，包里放了笔记本和铅笔，然后跟妮妮老师一起出发，去超市了。

小智的母亲要开车送大家去超市"探险"。要出发的时候，小智说："等等我。"

不一会，小智戴着棉手套从房间里跑了出来。小智的母亲见了生气地说："你傻啊，大热天戴什么棉手套，快把棉手套放回去。"

小智不理会母亲的责问，迅速地坐上车。在座位上，他欣赏着棉手套，自言自语地说："到了超市，我可以用戴了棉手套的手摸冰激凌和冰了。"

妮妮老师和小智的母亲一下子明白了。小智真聪明。

一到超市，小智一下子就活跃起来。他就像小鸟轻盈地"飞"进超市。

超市里非常热闹。入口处，有卖棉花糖的，有卖炒面的，有卖章鱼小丸子的，还有钓金鱼的。小智兴奋地说："我要吃棉花糖、章鱼小丸子，还要钓金鱼。"

妮妮老师说："好的，但是你先要会用汉字写出这些东西的名称及价格。"

小智拍着胸脯说："那个太简单了。"小智认真地在本子上记下了棉花糖、章鱼小丸子、金鱼……以及它们的价格。面对琳琅满目的商品，小智这里看看、那里摸摸，还时不时地拿起商品仔细观察着，并且若有所思地将商品的名称和价格记在了笔记本上：橘子、苹果、萝卜、土豆、西兰花、猪肉、牛肉……

在冰柜前，他戴上棉手套，推开冰柜的门，拿出了白熊雪糕，他仔细地观察了一遍，然后拿出了本子，在本子上记下了"白熊"，并标上拼音"bái xióng"。接着，他又拿出了北海道红豆雪糕、乳酪风情雪糕，认真地在本子上记录下了这些雪糕的名字。

他又跑到了摆放荔枝的地方。为了保鲜，荔枝的底部放满了碎冰。小智脱下手套把手伸进了冰水里，"好凉啊！老师，你也试试。"

妮妮老师也把手伸了进去，模仿着小智说："好凉啊。"

小智和妮妮老师有了共同的认知，高兴地相互击掌，表示祝贺。

小智拿起商品，不停地问这是什么，那是什么，还不停地在本子上记笔记。

在卖棉花糖的摊位前，小智停住了脚步，摇晃着妮妮老师的手说："我要买棉花糖。"妮妮老师说："那你自己拿钱去买吧。"

小智从钱包拿出50元，怯生生地将钱递给了卖棉花糖的摊主，摊主接过钱问："小朋友，买几根棉花糖？"

"买一根。"小智轻声地说。

"好的，请稍等。"摊主拿起一根小竹签，将小竹签靠近机器，机器不停地喷出白白的、细细的、蓬松的丝，摊主的手也不停地转动，一圈圈、一团团糖丝被卷起来，越来越大，机器停止运作时，像小面盆一样大的棉花糖诞生了。小智兴高采烈地接过棉花糖，像接到什么宝贝似的，立刻伸出舌头舔了一下。排在后面的孩子发出欢快的笑声和尖叫声："哇，好大呀。"

小智转身离开摊位时，被摊主叫住了："小朋友，找你钱。"

"找钱？"小智一愣转过身来。

"小朋友收你50元，找你45元，请收好你的钱。"

小智接过钱，说了声"谢谢"。

小智一边吃着棉花糖，一边对妮妮老师说："一张钱变成了四张钱，真好。"

"等你吃完棉花糖，仔细看看那些钱吧，看看它们的大小和模样有什么不同，好吗？"妮妮老师领着小智找到了一张椅子让他坐着吃棉花糖。

吃完棉花糖，妮妮老师让小智拿出他的45元钱，让他仔细地辨识钱的模样。小智的45元是由一张20元、两张10元和一张5元的纸币组成。

妮妮老师还从自己的钱包里拿出50元、100元的纸币让小智认识。

"原来钱有这么多模样啊，大小还不一样。"小智呵呵地笑着说。

妮妮老师又对小智说："你要把刚才支出的5元钱记录在本子上，然后，列个算式减一减、算一算。"

"横式、竖式我都用一下。"小智说。

小智算了一会儿说："我觉得竖式算看得清楚，容易算，算得快。"

爱有花开

小智学习的热情一下子高涨了起来，要求妮妮老师再出几道题。于是，妮妮老师在小智的笔记本上又出了20道算术题，小智不一会儿就算好了，小智算得高兴，算得准确，算得快。

这时候，空气中飘来了章鱼小丸子的香味。小智伸出舌头舔了舔嘴边，用手一捂嘴说："我又有点想吃章鱼小丸子了。"

妮妮老师笑了，她说："想吃就吃吧！"

妮妮老师陪着小智去买章鱼小丸子，快到小丸子的摊位时，妮妮老师停住了脚步，对小智说："你自己去买吧，老师在这里等你。"

"嗯，知道了！"小智放开了妮妮老师的手，欢快地去买章鱼小丸子了。

这是小智第二次自己买东西，有了第一次的经验，这次小智好像成熟了些。还提醒摊主："阿姨，别忘了找钱哦。"

小智一共买了三盒小丸子。他说："一盒送给母亲吃，一盒送给妹妹吃，一盒留给自己吃。"

这回小智主动将买章鱼小丸子的18元钱记在了本子上，还用算式算了一下。

小智如愿买了棉花糖、章鱼小丸子，恋恋不舍地告别了超市。

在回家的路上，车厢里弥漫着章鱼小丸子的香味，小智悄悄地将一个手指伸进了装有章鱼小丸子的盒子里，然后拿出手指舔了一下说："好香啊。"

妮妮老师看着小智开心地笑了，小智也笑了，他的笑脸像春天的花朵一样清新美丽。

（教育分析）

1.超长时间的电子游戏影响孩子的精神健康

超长时间的游戏会影响孩子的身心健康。今天，小智玩了两个多小时的游戏，导致他不能正常、顺利地进入学习状态。所以，不管教师还是家长，在孩子开始一项学习前，一定不要让他超长时间玩电子游戏。疲惫的精神状态会严重影响后面的学习效果。

2.调节情绪与振奋精神

逛超市的目的是为了调节孩子的情绪，转换心情，进入学习的情境。超市中琳琅满目的商品会刺激孩子的感官、振奋精神，帮助孩子身体各方面的机能达到最佳状态，使其产生一股积极向上的力量。在快乐的心境下，让大脑处于积极的接收和运转状态，从而发挥出最佳的效果。

就数学而言，各种知识就隐藏在每一个商品的包装上，孩子用探索之心，通过自己的感官，用自己的力量进行的学习，心情是愉悦的，学习态度是积极的。数字与每一件商品的价格息息相关。读每一件商品的定价能帮助孩子理解数字。

逛超市让孩子有机会接触实物，让他看到了物体的形状，知道了数学和汉字就在自己的身边，形成学习无处不在的认识。

3.自己购物体验生活角色

让孩子自己付款购物，不仅加深了孩子对数与钱的认识，还增强了孩子社会实践的能力。孩子第一次买棉花糖的时候，怯生生的，也不知道找零，可是第二次买章鱼小丸子的时候，就有了经验，还能够提醒摊主找零。孩子的思考能力和社交能力有了飞跃性的提高。

在实景中实践，是孩子最感兴趣的事。逛超市为孩子创造了轻松愉快的教学情境，使孩子在轻松愉快中进入学习状态，从而使其热爱知识、感恩知识。

兴趣是学习的先导，兴趣是学习的原动力。逛超市的活动有效地激发了孩子学习的热情。在家中没能完成的教学计划，在超市得以有效地完成了。

4.培养孩子活跃的思维

夏日戴手套就是孩子的一个创造性的行动。在孩子行动之前，大人不能理解为什么夏日要戴手套。其实，逛超市是孩子期待已久的活动。孩子一直在思索怎样解决既想触摸冰激凌又怕冻手的问题。我们不能以大人的思维去看待孩子的行为，大人常常不会理解孩子在想什么，但我们要相信孩子们做的每一件事情一定会有他的道理。尊重孩子的行为，尊重孩子的意见是非常重要的。

当大人不知道孩子为什么要这样做的时候，可以不做评价，冷静观察，给孩子那个原属于他自己的自由，做自己想做的事，给予其充分的信任，

千万不能说"你傻啊，你不要这样做"，把成年人的意见强加给孩子。

在这个案例中，孩子戴着棉手套去触摸凉的东西，得到了自己想要的真实体验，尽管夏日戴棉手套有点不合时宜，但这是最自然的，也是最原始的探索行为，是主动的探索精神，是优秀的学习态度。一种强烈的求知欲正在孩子的体内生长着。

读者点评

读者点评1

我也一直担心自己的小孩沉浸在网络游戏中不能自拔。在学习之前，让孩子玩那么长时间的游戏，孩子怎么能够一下子完成空间的转换和心情的转换呢？妮妮老师在无奈之下，采取了逛超市的方法。方法虽好也不能常用。偶尔一次孩子感到新鲜，有效果。解决问题的关键还是怎样让孩子少玩游戏。

读者点评2

生活就是一个大课堂，知识无处不在，无意间就能学到知识。这样学到的知识，学得轻松愉快。超市是一个很好的学习和实践的场所。

去图书馆

今天很热。妮妮老师一进小智家，小智和小美就热情地扑了过来，大声地喊着："妮妮老师来了。"

小智赶紧拿起一块西瓜给妮妮老师吃。

小智的母亲不在家。小智说："老师，带我去图书馆吧。"

妮妮老师犹豫了一下，还是答应了小智的要求。小智开心极了。他带着笔和本子去图书馆了。

走在路上，碰见了邻居大叔，小智高兴地告诉叔叔："妮妮老师和我要去图书馆了。"叔叔说："坐地铁1号线，在图书馆站下车，就是了。"

妮妮老师牵着小智的手，穿过一片草地向地铁站走去。

草地上有一群飞翔的蜻蜓。小智遗憾地说："老师，我不会唱《蜻蜓》这首歌，老师唱给我听好吗？"妮妮老师轻轻地给小智唱起了童谣《蜻蜓》：

　　　　蜻蜓的眼睛，

　　　　淡蓝色的眼睛，

　　　　因为飞翔在蓝天，

　　　　飞翔在蓝天。

　　　　蜻蜓的眼睛，

红色的眼睛，

因为看到了晚霞，

看到了晚霞。

小智认真地听着。小智说："老师，我给你唱《小蝌蚪的学校》吧。"他们一边唱，一边走，不一会儿就来到了地铁站。小智歪着头看着地铁线路标识上的"10"，拽着妮妮老师怎么也不肯进去。他认真地说："老师，叔叔说是'1'，不是'10'，我不进去。"

妮妮老师对他说："老师一直去图书馆，都乘这个车的。要不我们进去确认一下好不好？"小智点头表示同意。

坐惯了私家车的小智，第一次来地铁站，感到一切都是那样新奇。

小智很快发现自动售票机会"吐"出一张张卡片一样的车票。他立刻摇着妮妮老师的手说："我要买票，我要买票。"

妮妮老师给了他三枚1元的硬币。他小心翼翼地将硬币放进了投币孔，接着屏幕上出现了一张地铁线路图，小智认真地寻找着"图书馆站"。在妮妮老师的帮助下，小智终于找到了，他的手指一点击站点，一张车票就从机器里"吐"了出来。小智说："这个比游戏机好玩多了，还会吐卡片给我。老师，你给我的卡片照张相吧。"小智兴致盎然地让妮妮老师给他的票正反面都照了相。

走近检票口的时候，小智看见了安检的机器。他好奇地跑到了安检员旁边，向安检员询问屏幕上每一个影像所代表的东西。他在影像里看见了妮妮老师的包里面有钥匙、移动硬盘、钱包、手机等。看见实物在屏幕上产生的影像，小智一脸的不可思议。他还小心翼翼地伸出手，用手指触摸了一下物体的影像。

小智恋恋不舍地告别了安检员，和妮妮老师乘上了开往图书馆方向的地铁。

小智跪坐在椅子上，两手交叉着放在椅子背上，头趴在胳臂上，面向车窗，只见外面忽暗忽明，暗的时候，窗玻璃上映着许许多多乘客的身影，小智的笑颜最清晰，这笑颜跟着列车向前奔跑着；明亮的时候，车窗外的风景欢快地向列车的后面跑去。

小智好奇地望着车窗，突然，他好像发现了什么，大声地叫起来："妮妮老师，你快看啊，大楼和大树都在向后奔跑着。"

妮妮老师一边摸着小智的头一边说："不是大楼和大树在跑，是地铁在跑。"

"是吗？"小智反问道。

"是的，我们在地铁上，我们把地铁当成参照物，才会觉得大楼和大树在跑。"妮妮老师温和地说。

"参照物是什么啊？"小智问。

"用来判断一个物体是否运动的另一个物体，叫做参照物，我们假设参照物是静止的。地铁在向前跑，我们在地铁上看外边的大楼和大树就像是在向后跑，因为地铁是参照物。其实，大楼和大树并没有跑。"妮妮老师说。

小智说："我还是不明白。"

妮妮老师说："不急，慢慢地体会，你就会知道什么是参照物了。"

"嗯。"小智点点头。

小智又念叨："怎么还没到啊？"他竖起耳朵听着每一次报站的站名。

"老师，下一站就是图书馆了。"小智激动地跳下了椅子，牵着妮妮老师的手向车厢的门走去。门一开，小智迫不及待地就牵着妮妮老师的手下了车。

走出地铁站，雄伟高大的图书馆映入了眼帘。"好大啊！"小智赞叹道。

走进图书馆，入口处又有安检。小智有了地铁站安检的经验，立刻跑到了图书馆的安检仪前。这时，屏幕上出现了妮妮老师包里的东西的影像，小智用手指着影像对安检员说："这是移动硬盘，那是钥匙……"

安检员十分惊讶地说："这孩子太聪明了，这也知道。"

小智听到了安检员的表扬，笑得像一朵花儿似的。

在进图书室前，妮妮老师蹲下身子，双手握着小智的手轻声地问："进了图书馆，不能大声说话，也不能乱跑乱跳，你能做到吗？"

小智的脸也变得严肃起来，使劲地点点头说："能做到。"

妮妮老师又问小智："图书室的书很多，你要自己选择读物，看书时，一定要爱惜图书，不能撕书、折页，更不能在书上涂写，你能做到吗？"

小智说："保证做到。"他拉着妮妮老师的手，急着要进图书室。

妮妮老师又要求小智在读书时，要做好读书笔记。小智胸有成竹地拍着胸脯说："一定完成任务。"

妮妮老师牵着小智的手，笑容满面地走进了图书室。

小智看见许许多多人都安静地坐在桌子旁看书。小智也学着不再大声说话了。他踮着脚尖，轻轻地走向书架，一本本寻找着自己喜欢的书。最后，他找到了一本《快乐的汉字》。其实，小智认识的汉字还不多，可是他却能安静地读书，还时不时地在本子上画着、记着什么。小智在图书馆足足看了一个小时的书。他满足地对妮妮老师说："老师，我看完了，我们回家吧！"

妮妮老师轻声地对小智说："我们还不能回家，要把你记的笔记复习一遍。"

于是，他们走出图书馆，在街心的花园里，找到了椅子坐下来。

妮妮老师问小智："读了《快乐的汉字》以后，有什么发现和感想？"

"《快乐的汉字》太有意思了。书里有好多漂亮的图片，图片旁还有一段话。有一张宝宝咬爸爸脸的图片最有意思，图片的解释是：宝宝饿极了，竟然咬爸爸。我还做了笔记呢。"小智笑眯眯地一边说一边将笔记本递给了妮妮老师。

妮妮老师欣喜地接过小智的笔记本，打开一看，小智的笔记记得真详细，有图有说明。

譬如有一页，小智画了一条路，在"路"的汉字上注上了拼音还写了句子：小孩子走在上学的路上。又譬如小智画了母亲给宝宝擦屁股的图片，就在"替"的汉字上标注了拼音还写了句子：母亲替小宝宝擦屁屁。

妮妮老师看完小智的笔记，请小智讲一讲在图书馆学到了什么。小智兴高采烈地拿起笔记本，让妮妮老师读汉字，读词组。当读到"替"的时候，小智还特意向妮妮老师解释说，在别人为你做事的时候，要用"替"。

当小智看到妮妮老师都掌握了笔记上的内容后，开心地笑了。

在回家的路上，小智对妮妮老师说："上次我们一起逛超市，我很高兴。这次我们一起来图书馆，我更高兴，我的高兴就像宇宙那么大。"

教育分析

1.尊重孩子去图书馆的愿望

图书馆是知识的圣殿，在那里，孩子会接触到很多书。对图书馆感兴趣，就会对阅读感兴趣，从而喜爱读书。孩子突然提出要去图书馆，这让教师很为难。经过犹豫后，教师对孩子的要求给予了最大的尊重与理解。孩子在去图书馆的活动中，享受了自主决策的快乐，更激发了责任心和积极性。

最重要的是在图书馆的阅读中，孩子获得了对自己有意义的知识，培养了孩子的专注力，更能让孩子有创造及思考的空间，让孩子高兴的程度"像宇宙一样大"。这必将让孩子喜爱图书馆、喜爱读书。

2.教育孩子学会读书

去图书馆是一次课外社会实践活动。看似是玩，其实教育就隐含其中。教育的任务不仅要教孩子学，更重要的是教会孩子怎样用自己的力量去学。

在众多的图书中，小智竟然能够自己找到适合的书，不仅认真读了，还做了详细的笔记，并且用这些笔记的内容来与妮妮老师交流。在这个过程中，孩子学会了读书，并且试着探索、研究、归纳、总结，这是可喜的飞跃。学会如何学习远比掌握死板的知识更重要。孩子学会了用自己的力量读书，才能在一生不断发展中充实自己。

3.让孩子有成功感

走出图书馆后，在公园里，师生互相切磋，使孩子对看过的书有了更深刻、更透彻的理解。

通过触摸，孩子感受到读物的亲切感；通过交流，孩子感受到增长了知识，有了进步，从中获得了巨大的成功感。这种成功感将会成为其坚持探索、不断总结提高的原动力。

4.让孩子读自己喜欢的书

走进图书馆，教师没有帮孩子选书，而是放手让其选择自己感兴趣的书籍。让孩子认识到读书是自己的事情。只有孩子自己选择的书，感觉才会最好，也最会珍惜。

5.让孩子学会正确阅读

孩子在阅读《快乐的汉字》的时候，模仿书做了学习笔记，有图画、有拼音、有汉字、有句子。这些都是正确的阅读方法。正确的阅读方法是学习的推进器，帮助孩子提高吸收知识的效率，扩大了孩子的知识面。

在图书馆，孩子进行了自主学习，自发掌握了许多学习策略，这些必将在今后的学习中得到灵活的运用，提高孩子的学习质量。

6.让孩子爱上读书

一个人的精神史就是一个人的阅读史，思想来自阅读，人在各个领域的提高都离不开阅读。因为阅读增强理解，理解增强智力。让孩子爱上阅读，经常去图书馆是一条途径，但是以下三个有效途径也不能忽视。

第一，耳濡目染，父母是孩子的榜样。父母喜欢读书，孩子也会喜欢读书，因为孩子的学习是观察性学习。若想培养孩子爱读书的习惯，一个最简单的方法是父母自己有读书的习惯。其实，孩子每时每刻都在观察着你、模仿着你，他就是你的影子，甚至连说话的口气、走路的姿势都相似。潜移默化的作用是无限的。要想孩子优秀，必须先让自己优秀起来。

第二，在家里营造一个读书的气氛。把书放在孩子随手可拿的地方，甚至厕所里也要放上孩子喜欢的书。要经常和孩子讨论读书的心得体会，用环境影响孩子。孩子看书往往是在偶然的状态下拿起这本书，或者突然兴之所至拿起那本书，只要拿起了，他就会津津有味地读起来。

第三，经常带孩子逛书店，也是一个培养孩子读书习惯的做法。

 读者点评

读者点评1

小智的图书馆之行收获很多，在去图书馆的路上，小智第一次搭乘地铁，第一次自己购买地铁票，第一次看见安检，第一次在图书馆选择书……许许多多的第一次让小智的高兴"像宇宙一样大"。这样的社会实践有益于孩子的成长，赞一个！

读者点评2

小智第一次看见行李安检，一个个实物在屏幕上变成了影像，激发起了他探索的欲望。当他第二次看见安检的时候，他又快乐地实践了第一次所学到的知识，享受着探索成功后的喜悦，来自图书馆安检员的赞美更是让小智心里美滋滋的。这些都激发了小智学习的热情。

编　　书

今天，小智一见到妮妮老师，就迫不及待地问："老师，您上次没有来，去哪里了？"妮妮老师说："上次我出差了。"

"出差是什么啊？"小智问。

妮妮老师回答说："就是离开家，到很远的地方工作。"

"噢，老师是去很远的地方了。"小智自言自语地说。

今天的学习任务是阅读《花的道路》，目的是扩大小智的词汇量，增强想象力和创造力，培养孩子对语言的一种敏锐的感受力，让孩子意识到小熊的纯真与善良，感知花的道路的美丽。

《花的道路》描写了一只善良的小熊，收获了一口袋的花瓣，可是小熊不知道口袋破了一个洞。小熊要将花瓣分送给森林里的动物朋友们。小熊背着破了洞的口袋到了小兔子的家，当小熊要把花瓣送给小兔子的时候，发现口袋里已经没有花瓣了。这时候，一阵风吹过来，小熊走来的小路成了一条长长的、美丽的花的道路。树上的小松鼠看见了，噌的一下爬到了树的最高处，挥舞着臂膀，呼喊着："森林里的朋友们快来看呀，这里有一条花的道路。"在小松鼠的呼喊声中，小花鹿奔出了家门，小狐狸奔出了家门，小猴子奔出了家门……大家手牵手在花的道路上唱歌跳舞，感谢善良的小熊，感谢花的道路。

妮妮老师先给小智朗诵并讲解了《花的道路》。

小智跟着学习了一会儿，突然，小智拿出了早已准备好的A4纸对妮妮老师说："老师，我要把《花的道路》编成书。我要把我写的书放到图书馆，让很多人都来看我编的书。"

妮妮老师说："你太棒了，一定会有很多人来看你的书的。"

小智说："老师，你要给书做个封面，上面写上我的名字。还要给书做个封底，封底上要画上那个黑条条（条形码），写上多少钱。"

妮妮老师说："好的。"

妮妮老师立刻给小智做了封面和封底。小智看了很满意。于是小智就开始写书了。

妮妮老师第一次看到小智这样认真地、严肃地写字，仿佛在做一件了不起的大事情。

小智抄写着《花的道路》，他小心翼翼地抄写每一个汉字。

小智说："我要认真写，一定要写好，不然图书馆里的小朋友不认识我的字了。"

小智突然想起了一个问题，他问："老师我写的是汉字，很多外国小朋友只会英文，不认识汉字怎么办啊？老师，我如果只写拼音是不是全世界的小朋友都会读懂这本书呢？"

妮妮老师抚摸着小智的头说："拼音不是英文，同样的a，拼音读成'啊'，英文读成'哎'。"

小智不仅认真地抄写故事，还在纸上画插图。他说："我要把插图画得明白点，让外国小朋友看到插图就会明白故事的意思。"

小智画小熊背口袋的时候，还站起来做了一个背口袋的动作，弯着腰，一步一步艰难地向前行走。

妮妮老师看到这一幕，抚摸小智的头说："一枚花瓣分量很轻，一口袋的花瓣应该也很轻的。小熊应该是背着口袋，蹦蹦跳跳地去小兔子家的。"

"哦，原来是这样啊。"小智的脸涨得红彤彤的，笑着说。

小智写着、写着，画着、画着，他突然试探着一点点靠近妮妮老师，再慢慢地将小屁股移到妮妮老师的腿上，坐下来，他好像这样坐着很踏实，两条小腿时不时地摆动着，手不停地写着，嘴巴不停地读着……

一个暖暖的生命坐在妮妮老师的怀里，一个小小的梦想正在孩子的努力中膨胀着。妮妮老师感到无比的幸福。此时，教育已升华成一种亲情。教师与孩子融为了一体，知识与梦想融为了一体。

教育分析

1.让孩子追逐梦想

上次图书馆的探险，对孩子的影响很大。孩子看到了图书馆有很多书，于是要把自己的书放在图书馆。一个稚嫩、朴实、可爱的梦想在小智的心中诞生了。也许这个梦想会陪伴他的一生，也许将来我们可以看到一个伟大的作家——小智！

很多时候，一点一滴的细节会改变孩子的思维方式，会在幼小的心田播下梦想的种子。人的一生行走在三个世界，即生活世界、知识世界、心灵世界。文学可以丰富心灵世界。阅读是孩子的心灵鸡汤，图书馆是孩子的知识圣殿。

编书活动促进了孩子独立思考和自我教育能力。

2.让孩子有良好的学习习惯

很明显，孩子已经对编书产生了浓厚的兴趣。从心理学的角度看，人的热情、兴趣属于主观能动性的范畴，它们对智力的形成有重要的影响。俗话说"兴趣是智力的向导""兴趣是成才的导师"，所以在孩子有兴趣的时候，教师及家长应积极支持、热心指导，乘势引导孩子树立正确的学习观念，让孩子对学习有了责任意识，从而引导孩子养成良好的学习习惯。良好的学习习惯自然而然地会内化为孩子的学习自觉性。用兴趣推动孩子去探索知识，激励孩子深入钻研，才能使其好好学习、天天向上。有空多带孩子去图书馆，去阅读各种书籍，比让孩子坐在家里做题目更加有意义。

3.让孩子的思想飞扬

孩子对《花的道路》展开丰富的想象，在脑海中出现各种场景。孩子还用自己的笔将这些场景画成图画并添加文字描述，这一过程延伸了孩子形象思维的空间，加强了思维的力度。这样既收获了乐趣，又激发了孩子的创作欲望和创新意识，让孩子的思想飞扬起来。

孩子一边写、一边读，还一边画。慢慢体味、慢慢领悟，孩子的每一个细胞都在自由地呼吸着知识的香甜，孩子的全身心都沉浸在愉悦之中，孩子的潜在能力也在悄然苏醒。

4.让孩子有敏锐的观察力

孩子让老师在书的背面画上黑条条（条形码）并标上价钱，这说明孩子具有敏锐的观察能力。虽然他不知道那些黑条条叫什么、有什么用，但是他知道每一本书的后面一定会有黑条条，黑条条的影像已经通过视觉刻录在孩子的心里了。

5.让孩子有成就感

教师帮助孩子画书的封面、封底等，孩子看见自己编的书有了这些就像是一本真正的书了。极大的成就感冲击着孩子。成就感是一个人积极向上的最大原动力。

爱有花开

读者点评

读者点评1

其实编书是小智梦想的雏形，通过编书，小智一定会热爱阅读的。也许将来小智真的会成为一名著名的作家。期待与祝福中。

读者点评2

我读了关于小智的系列故事，觉得这样的教育真好。图书馆之行，给小智带来了深刻的影响，他的世界一下子变大了。小智是一个善良的孩子，为了让小朋友读懂他的书，他在认真地写字；为了让外国小朋友也明白他的书，他在认真地画画。一种责任感、使命感正在小智的身上成长。

儿童节的礼物

儿童节，送小智和小美什么礼物成了妮妮老师的难题。妮妮老师绞尽脑汁地想啊想，终于想到了一份有创意的礼物。

儿童节，妮妮老师专程去了小智的家。

一开门，小智和小美就扑了过来，吵着叫着要礼物。

妮妮老师把礼物拿出来，小智和小美就迫不及待地打开包装，映入他们眼帘的是一本《儿童折纸全书》。

小美坐在妮妮老师的腿上，挑选了一张粉红色的手工纸，右手撑着下巴，微微地歪着脑袋，犹豫着折什么。她仰起头为难地问妮妮老师："妮妮老师，我想折好多好多东西，怎么办呢？"

妮妮老师轻轻地拍着小美的背说："是啊，折什么好呢？我也想折好多好多东西啊。那小美最喜欢什么呢？"

小美沉默了一会，一拍手说："嗯，我最喜欢小船。"

"那我们一起折小船吧！"妮妮老师说。

妮妮老师手把手地教小美折小船。

首先，妮妮老师看折纸的形状，告诉小美这是正方形。

小美问："为什么叫正方形啊？"

妮妮老师说："你用手量一量这张手工纸，看看四条边的长度有什么特点？"

小美很认真地将大拇指和食指展开，丈量着手工纸的边长，反复地量了好多次，怯生生地说："好像一样长。"

"小美真了不起，发现了正方形的四条边一样长。"妮妮老师欣喜地对小美说。

接着妮妮老师又对小美说："要想折小船就要先把正方形纸对折，变成小长方形，接着再对折，变成了更小的正方形。"

"呵呵，"小美笑着说，"原来正方形也有大哥哥、小妹妹、小小妹妹啊。我要试试找小妹妹和小小妹妹。"

妮妮老师手把手地教小美折小长方形，再将小长方形折成更小的正方形。

小美好奇地看着折纸在自己的手中变换着形状。

接着，她们在"小小妹妹"的基础上，把纸重新展开，将正方形手工纸相对的两边分别折到"小小妹妹"留下的中心线的位置，变成一个长方形，再把上下左右四个角折到中心线，折一次，再折一次，然后把上下两个尖角也向中心折，最后从中间撑开，把里面翻到外面，稍微整理一下，就变成了一只小船。

看着一张正方形的小小手工纸一点一点变成了美丽的小船，小美兴奋了，她从妮妮老师的腿上滑下来，一溜烟地跑到了厨房。不一会儿，就跟跟跄跄地端来一小盆水。她开心地对妮妮老师说："我们一起划船吧。"妮妮老师把船放到了水中，和小美一起唱起了童谣《大海》：

　　大海啊，多么宽广，

　　小船啊，摇啊摇，

　　摇到外国去，外国是个什么样的地方？

　　那里可有可爱的小猫咪？

　　那里可有我喜欢的棒棒糖？

小美说要折很多的小船。她不停地折，小水盆已经装满了小纸船。小美望着自己的成果，笑得停不下来。

小美说："我的海太小，我的船太多。这也是没有办法的事。"

小美第一次折这么多纸船，很满足，很开心。她开始惦记哥哥小智在做什么。她跑到哥哥的身旁，趴在哥哥的肩上，探着头问哥哥："哥哥，你要折什么？"

小智回手轻轻地拍了一下妹妹的头说："别烦我，我在折飞机。"

只见彩纸在小智手中上下翻飞，转眼间，柔韧的纸就变成了轻盈的纸飞机。

小智迫不及待地要放飞刚折好的纸飞机，他左手臂伸开保持身体平衡，右手拿着纸飞机，左脚在前，身子向后倾斜，用力掷出，纸飞机向前飞去，让人意想不到的是，它的机头慢慢抬起，像找到猎物似的，在空中停了半秒竟调转回头，急速俯冲下来，猛然降落。

小美跑过来拾起地上的飞机，高高地举起，在屋子里转圈地跑。

小智又折了一架飞机，叫上小美一起到院子里放飞机。看来他一定要让它高飞了，他又一次将飞机用力掷出去，纸飞机直冲蓝天，像一只欢快的鸟儿，自由翱翔，接着做了个标准的后滚翻，像在呼唤它的同伴，居然玩了个"滚筒"（这可是个特技动作噢），最后用小巧玲珑的翅膀回旋一下，徐徐降落。

小美仰着头，看着飞翔的飞机，惊叫着："飞得好高啊，飞得好高啊！"

小智看到妹妹羡慕的目光，听到妹妹惊喜的声音，折飞机的兴致也高涨了起来，一架接一架地折，一架又一架地放飞。纸飞机漫天飞舞着，一颗童心对飞翔的向往也随之被放飞，追着风，在天空中和纸飞机一起升高，再升高……

小美顺着飞机飞翔的方向，奔跑着，欢笑着……

儿童节，小美迷上了纸船，迷上了大海；小智迷上了纸飞机，迷上了蓝天。

孩子们的快乐将永远与船儿一起远行，与飞机一起飞翔；孩子们的梦想随海浪上下起舞，在天空自由翱翔。

 教育分析

1.从热爱生活到感知生命

折纸是一种在我国广泛流传的技艺，也是孩子们最喜欢玩的益智游戏之一。因为它需要的材料就是一张纸，故又叫最轻巧的艺术，已有将近两千年的历史。

孩子们通过自己的手创作出自己喜欢的东西，不仅促进手眼的协调，锻炼手指灵活性，还可以激发孩子对生活的热爱。当孩子用一张平淡无奇的纸折叠出飞机、船的生动形象时，他们会自然而然地感知到创造的神奇、生活的情趣和诗意。同时，折纸这种传统文化也在无形中传递给了孩子。

2.感受图形的性质与变化

折纸的时候，要叠出很多图形。如：折纸船是从最基本的正方形入手，小美在折纸船的过程中对正方形有了深刻的认知。这种认知的过程是在她的手的丈量中感知的。

一张正方形手工纸在小美的手中神奇地变小，然后变得更小，一个正方形的概念在小美的视觉中、触觉中跳跃。图形变得生动、鲜活了。

3.丰富内心的情感与表达愿望的能力

折纸是一个手脑并用的过程，并且充满了想象力和创造力。一张小小的纸片，可以变化出千百种不同的形状，这是折纸的乐趣，是生活的创意与灵感。

心理学研究表明，孩子们富于幻想，创造力开始萌芽，在这段时间里，创造意识的培养是最为重要和关键的。折纸活动对培养孩子创新实践能力有巨大的促进作用。

一张平面的纸在孩子的折叠中，变成了立体的、生动的作品。折纸的丰富表现力可以迅速传递孩子心中的梦想，孩子想要一架飞机，他就可以折一架飞机；

孩子想有一艘船，他就可以折一艘船。

对于小美来说，小水盆就是她的大海，那些折纸作品都是她的船；对于小美来说，大正方形是大哥哥，小长方形是小妹妹，小小正方形是小小妹妹。纯真的心灵赋予了正方形温暖的亲情。

小船摇摇，飞机翩跹；童音袅袅，笑语盈盈。缘于自然，缘于内心深处的愉悦刺激着孩子们的心灵，纯净美好的心灵在成长。

读者点评

读者点评1

妮妮老师的礼物是一份既益智又快乐的礼物，现在的人送礼都喜欢买贵的东西，但贵的东西并不一定实用。这份特殊的礼物将给许多人带来启迪。

读者点评2

一份礼物让"小船摇摇，飞机翩跹；童音袅袅，笑语盈盈"。多么智慧的教育，多么动人的画面。读了这篇故事，我的身心都感到愉悦了。谢谢，妮妮老师！

小 商 人

妮妮老师和小智之间有个秘密，那就是在寒假期间，小智要做小商人，然后把自己赚来的钱捐给贫困儿童。

妮妮老师和小智为了这一天悄悄地做着准备：妮妮老师从家里拿来了一些"沉睡"了很久的商品——买来却从未戴过的咖啡色长围巾一条、真丝围巾两条、女式绒线帽子两顶、黑色棉手套四双，小智拿出了印有神奇宝贝图案的铅笔十支、史努比的水杯四个。

货物已经备齐，就等开张营业了。

终于盼到了星期天，小智把货物统统装进了一个大袋子。细心的小智还给顾客准备了小型购物袋，带上了装有50元钱的小腰包。

妮妮老师和小智走出了家门。小智突然停住了脚步，仰起头问："妮妮老师，我一个小孩做买卖会不会很傻啊，我有点不想去了。"

妮妮老师伸出手，将手按在小智的肩上，坚定地说："我们一定要去，这不仅是一种社会实践活动，更是一次环保活动，让我们手中'沉睡'的东西醒过来变成商品，让它在有需要的人手中发挥作用。这是一件聪明的事，一点也不傻。"

"哦，这件事这样有意义啊，我一定努力完成任务。"小智开心地说。

不一会儿，他们就来到了自由市场。

市场上，小智一眼看中了一块地方，刚想布置摊位，妮妮老师提醒他，那儿离马路近，车辆来来往往，不安全。

小智背着装了货物的口袋，从街这头走到那头，也没有找到合适的地方。小智看到市场上小摊一个接一个，密密麻麻，人流熙熙攘攘，好不热闹。

"怎么办呢？"小智的心里打着小鼓。小智走出人流，突然看见前面有肯德基。他一下子有主意了：肯德基的门口，既宽敞又没有车辆，那是一个摆摊的好地方。

小智一路小跑，来到了肯德基附近，开始摆摊了。他铺好塑料布，把商品一一摆齐，就开始等待顾客了。

妮妮老师站在很远的地方守护着小智。

起初，小智非常胆小、害羞，站在一旁不愿意吆喝。妮妮老师走过去问小智："为什么不吆喝？"

小智难为情地说："我这么小没有力量啊，恐怕做不了商人。"

"是的，你很小，力气又不大，但是你有灿烂的笑容，你可以做一个温暖的小商人。"妮妮老师说。

在妮妮老师的帮助和鼓励下，小智逐渐鼓起了勇气，微笑着迎接顾客。

进出肯德基的人很多，走过小智的摊前的时候，很多小朋友都停下脚步，不可思议地问身边的大人："这个小孩这么小就做生意啊？"于是大人就告诉小朋友："是的，这么小就做生意，真了不起。"

小智听了，脸一下子就红了起来，但心里美滋滋的。

"快来看看吧，这里有神奇宝贝的铅笔、史努比的杯子。"小智不敢相信自己竟然情不自禁地吆喝起来。

小智一吆喝，小朋友们都聚拢过来。"给我看看铅笔。""给我看看杯子。"小朋友们都伸出手来要看货，一时间，小智都忙不过来了。

不一会儿，十支铅笔就以每支2元钱的价格卖光了，史努比的水杯也以每个

10元的价格都卖出去了。小智一下子就卖出了60元的货物。

他太开心了，时不时地伸出大拇指向远处的妮妮老师汇报一下他的"战果"。

孩子们的"人气商品"都卖光了，剩下的都是大人的东西了。突然间，小智的摊位变得冷清了。小智朝四周环视，发现在离摊位不远的地方，有一个八九岁的小女孩，蓬头垢面，衣衫褴褛，瘫卧在一块木板上，在小女孩的前方摆着一个破碗，里面有几个一元的硬币。寒风吹着小女孩单薄的衣服，她冷得不停地在发抖。

小智一下子对她充满了同情，毫不犹豫地拿起围巾、帽子、手套，走向了小女孩。

小智蹲下身子，给小女孩戴上了围巾、帽子和手套。他还把刚刚挣来的60元钱塞给了小女孩。小女孩感动地哭了，小智的眼睛也湿润了。

许多过往的行人目睹了这感人的一幕。

当小智回到自己的摊位的时候，摊位前又围满了客人。

一位老奶奶给了小智50元买去了一顶绒线帽子，小智要找20元钱给老奶奶，老奶奶说不要了，就拿这钱买点学习用品吧。老奶奶临走时还叮嘱小智："好好读书，做一个善良的人。"

一位阿姨以50元的价格买走了两条真丝围巾。

三位大学生姐姐以30元的价格买走了手套。

今天，小智第一次做小商人就赚了190元钱，其中60元捐给了乞讨的小女孩。

小智飞快地收拾好摊位，向妮妮老师奔去。妮妮老师蹲下身子张开双臂迎接小智，师生二人紧紧地拥抱在一起。

小智上气不接下气地述说着做生意的经过："没想到做生意这么容易，一下子就卖光了所有的商品。"

"嗯，这么快卖光商品是托爱的福。"妮妮老师说。

"托爱的福是什么意思啊？"小智不解地问。

"其实，买你真丝围巾、帽子、手套的人是被你的爱感动了，才纷纷购买你的商品的，因为你把自己宝贵的商品送给了乞讨的孩子，还把平生第一次挣到的钱给了乞讨的孩子。"

"是这样啊。"小智有点明白了。

"是的，爱是一个链条，当你爱别人的时候，更多的人会更加爱你。世界上有那么多的好人，我们很幸运，我们很幸福，都是因为得到了他们的爱，以后我们也要帮助更多的人，让他们获得更多的幸福。"妮妮老师激动地说。

小智笑着点了点头。

"今天，我把您的围巾、帽子和手套送给了小女孩，您不会怪我吧？"小智问。

"怎么会呢？我们不是为了赚钱而做小商人的，我们是要用这些'沉睡'的东西给需要的人带去温暖。小智，你是一个善良的孩子，而心中的善良是一个人最大的福田。"妮妮老师抚摸着小智的头说。

小智听到妮妮老师的表扬，两眼闪烁出幸福的光芒。

教育分析

1.小商人活动提高了孩子的综合能力

小商人活动既可以锻炼孩子的交际能力，还为需要帮助的人奉献了爱心，形式既新颖又活跃，是孩子喜爱的活动。献一份爱心的同时，让孩子逐步树立起社会责任意识，激发孩子强烈的社会责任感，使之拥有持久的精神动力从事慈善活动，倡导人人都应有互助互爱的精神及无私奉献的爱心。

2.小商人的活动让孩子懂得关心他人

在销售的过程中，小智看到了乞讨的小女孩，他毅然地将商品和销售收入送给了小女孩。金钱有价，爱心无价，帮助他人，快乐自己；赠人玫瑰，手留余香。通过这次活动，使孩子懂得了要更加珍惜我们现在的生活，懂得了如何去关心他人，懂得了爱是有传递性的，当我们爱别人的时候，别人也会更加爱你。

 读者点评

读者点评1

让孩子通过自己的经商实践，赚了一些钱，而不是用父母的钱去行善，这对孩子来说是非常有意义的，而且可以真正体现自我的价值。正是善行善举，浓浓爱意；爱心传递，情暖人间。

读者点评2

社会才是最好的课堂。小商人的活动不仅磨练了孩子的意志，更能培养孩子的爱心。在这次活动中，孩子懂得了"爱是你我"。

第四章
健康管理

孩子身心健康、体魄强健、意志坚强、充满活力是一个民族旺盛生命力的体现，是国家综合实力的重要方面。

孩子的健康管理不仅仅包括身体健康的管理，更重要的是精神健康的管理。现在，孩子的学习负担很重，精神压力很大。家长和教师往往只注重了孩子的学习成绩，忽视了健康管理，尤其是精神健康管理。

很多成人都认为孩子还小，哪有那么多心思。殊不知孩子的心思最细腻，神经最敏感，孩子的精神健康最需要管理。

健康管理不仅是一个概念，也是一种方法，其目的在于使孩子的身心更加健康。身体的疾病会从身体的某些部位体现出来，如感冒了会发烧、流鼻涕，但是精神的健康是无形的，它需要父母在孩子成长的过程中全程呵护。

本章为您呈献了五个故事，阅读本章，您会感悟到：

加强孩子的健康管理非常重要。在阅读中，让您了解和掌握孩子健康管理的基本内容，知道什么是健康和不健康的心理状态，学会防止和消除产生孩子心理疾病的各种因素，有效地培养孩子的自我认知、自我教育和自我发展的意识和能力，从而保持积极、乐观、健康的心态。

小智罢学

在与小智一起学习的过程中，小智带给妮妮老师许许多多的感动。孩子点点滴滴的进步，都让妮妮老师感到无比喜悦，这种喜悦都是来自心灵的。

星期天，妮妮老师带着这种喜悦，在百货商店又给小智买了一只小闹钟，准备作为礼物送给小智，还配好了一节电池。

下午4点，妮妮老师准时到达了小智的家。小智的母亲出来迎接妮妮老师。打开门后，小智从母亲的身后探出头来，向妮妮老师问好。

妮妮老师牵着小智的手，来到了书桌前。妮妮老师把礼物送给了小智。小智自己把电池装进了小闹钟。在时针、分针、秒针开始运动的那一刻，小智惊讶地叫起来："老师，快来看啊，时间动了。"小智好奇地眨着眼睛看着闹钟，若有所思地问妮妮老师："老师，你说时钟上有时针、分针和秒针，为什么这个小闹钟上有四根针，那第四根针是做什么的？"

妮妮老师说："这是定时针。"

"定时针是干什么的？"小智疑惑地问。

"定时针是用来设置指定时间的，让时钟在指定时间发出声音，提醒人们时间到了。比如，你早上6点钟要起床，就可以用定时针将闹铃时间定在6点钟。这样，到了6点钟，时钟就会鸣叫，好像在喊'起床了，起床了'。"

小智惊喜地问："真的吗？"他马上转动定时针，期待听到时钟的鸣叫声。

妮妮老师建议把闹铃的时间设置在下午5点钟，闹铃响的时候一小时的学习时间就到了。在妮妮老师的帮助下，小智成功地设置了时间。

"太好了，在家里也有下课的铃声了。"小智开心地说。

小智恋恋不舍地放下闹钟，马上趴在课桌上说："我很累，不想学习了。"小智就这样罢学了。

妮妮老师立即问小智的母亲："小智怎么会这样疲劳？"

母亲说在学习前，孩子在邻居家里玩了4个多小时的电子游戏，一直都不肯回家，最后是强行带回家的。回来后，还打了小智。

妮妮老师终于明白小智罢学的原因了。看到小智因为玩电子游戏而导致身心疲惫、行为异常，妮妮老师心里有说不出的难过。如何科学地、合理地安排时间让孩子玩游戏，是每一个有孩子的家庭面临的问题。

教育分析

1.在拆卸中认知时间

教师送给孩子一份特殊的礼物：闹钟。虽然小智的家里闹钟很多，但是这个闹钟有特殊的意义：一份小礼物不仅再一次拉近了孩子与教师的距离，更重要的是为小智学习时间提供了认知工具。

孩子在给闹钟安装上电池的那一刻，"时间在跑"已经通过感动传遍了孩子的每一根神经；通过视觉再一次发现时钟上的"异物"——第四根针，说明孩子有敏锐的观察力和潜在的学习能力。孩子对定时针充满了好奇，定时针激发了小智无限的想象力，新的知识悄无声息地注入到孩子的头脑之中。

2.与孩子耐心沟通

家长在孩子玩电子游戏30分钟左右的时候，就应该让孩子回家。玩了4个多小时以后教育孩子，时机已经不对了，同时，打孩子也没有什么意义。在教育上，坚决反对打孩子的教育方法。体罚会对孩子产生非常不利的影响。首先，体罚会严重影响孩子身心健康，严重伤害孩子的人格和自尊心，造成心理的创伤；其次，体罚还会让孩子和家长产生距离，亲子关系变得冷漠，间接导致孩子形成一些不良品德和行为。

体罚的后果是十分可怕的。家长要学会控制自己的情绪，用温暖的语言、耐心的态度，和颜悦色地与孩子沟通。

3.提高孩子自我控制能力

自我控制是指个体对自己的生理和心理活动、思想观念和行为的调节和控制的能力。自我控制能力的提高是促使个体成熟和道德发展的心理组成部分。

孩子的自我控制能力尚未成熟，一旦沉迷在电子游戏中，就很难自拔。在这个案例中，6岁的孩子一下子玩了4个多小时的游戏，最后，以体罚的形式结束。这样的做法对孩子提高自我控制能力有害无益。

其实，在终止孩子玩电子游戏前，应该给其一个心理缓冲期，如告诉孩子再玩10分钟就要结束电子游戏。这样既尊重了孩子个体的人格，又容易被其接受。

4.适当的电子游戏有利于孩子智力成长

其实，电子游戏本身并非是完全无益的。孩子在玩电子游戏的时候，脑及感官都在协调活动中，电子游戏给孩子的感官带来快感，因此许多孩子都迷恋上了电子游戏机。妮妮老师认为6岁的小智可以玩益智型和学习型的电子游戏。

玩电子游戏关键是怎样控制孩子玩游戏的时间，家长最担心孩子因为玩电子游戏而耽误了学习。小智的问题在于玩电子游戏的时间过长，不仅耽误了学习，超长时间玩游戏还会造成脑和五官的疲劳。

在现代生活环境中，由于科学日新月异的发展，电子游戏也不断地推陈出新。同时，大多数孩子都是独生子女，公园里、小区里渐渐看不见孩子们一起玩耍的身影，跳皮筋、折纸飞机等游戏也渐渐地消失了，取而代之的是每个孩子抱着冰冷的机器，坐在一个角落，不停地敲击着键盘。现在，敲也不用敲了，游戏机的键盘也变成触摸式的了。

孩子们需要丰富多彩的家庭生活，需要与人交流，更需要同龄孩子间的游戏。家庭生活的枯燥、社交互动的缺失让孩子们只能在电子游戏中找到满足。

每个孩子都有逆反心理，如果家长一定要禁止做某件事情，往往适得其反，越是禁止，孩子越是要做。所以妮妮老师建议不要禁止孩子玩电子游戏。但是家长一定要做好以下几方面的工作：

第一，监督时间。不禁止孩子玩电子游戏，但也不可以放任孩子无节制地玩。像小智那样一口气玩了4个多小时，那就是家长的错误。6岁的孩子长时间望着游戏机的屏幕，闪电般的反应速度、如雷般轰鸣的声音、魔幻般变化的画面，这些不停地刺激孩子的感官，过度的疲劳会让孩子产生耳鸣、头晕、恶心的症状。

研究表明，儿童在玩60分钟电子游戏之后，就会出现"电子游戏综合征"，随之引发神经紧张和注意力过分集中，从而导致身体疲劳和睡意，严重者会产生行为的异常。因此应严格控制孩子玩游戏的时间，比较理想的办法是允许孩子每天最多玩两次电子游戏，每次不得超过30分钟；或者每天只能玩一次，每次最多60分钟。坚决禁止在睡前玩电子游戏，因为过度的兴奋会影响睡眠的质量。

第二，监督内容。监督游戏的内容是非常重要的，特别是不可以玩那些有暴力倾向的游戏。

据报道，在日本就有小孩因为玩了暴力电子游戏，所以走在东京的街头抓住老人乱打一阵。警察问肇事者为什么要打人，肇事者回答说："因为想看到真正的血。"

选择游戏首先要根据孩子的兴趣。当然，家长也应该为孩子选择适合他们的游戏，而不是听任孩子自己没有原则和质量地去选择。一些简单的游戏，实际上也包含着知识。例如，在中国有一所学校，就将历史写进游戏之中，孩子们通过游戏记住了枯燥的历史内容。在亲子游戏中，家长可以以游戏中的情节为媒介展开与孩子沟通的话题。

一个好的游戏会给孩子们的身心带来愉快，并能够开阔视野，丰富知识。

第三，开展有趣的家庭活动。孩子之所以玩游戏是因为游戏好玩，但是更多的时候，是因为孩子不玩游戏就没有其他可玩的了，所以家长为孩子创造丰富多彩的家庭生活也是当务之急。家长可以有意识地创造比玩电子游戏更有趣的家庭活动，例如：家长和孩子一起玩24点，一起做一些户外运动——骑骑自行车、踢踢足球等等。让孩子们在亲子活动中感受到家庭的温暖，在不自觉中学到更多的知识。让孩子在亲子活动中感受到快乐，从而彻底摆脱游戏依赖的困扰。

读者点评

读者点评1

我担心自己的孩子玩电子游戏，所以孩子放学后，我就给计算机设上密码，让他进不去计算机。我还拔掉电话线不让他与外界联系，让孩子在没有外界干扰的环境中安心学习。看了这篇文章，我感觉到我的做法还都是外在的、强迫型的。提高孩子的自我控制能力是非常急迫的一件事，谢谢老师。

读者点评2

我也不赞成对孩子施行体罚，我就从来也没有体罚过孩子。我与孩子的关系是母子、是朋友、是玩伴，我们在一起很开心。遇到事情，我们都会共同面对，协商解决。

母亲离家出走

今天，一推开小智的家门，就听见他大声地对着楼上喊："小美，妮妮老师来了。"小美吧嗒吧嗒地从楼上跑下来，扑到妮妮老师的怀里，喊着："妮妮老师，妮妮老师！"妮妮老师抱着可爱的小美，一股暖流涌上心头。

此时的小智坐在沙发上正聚精会神地用苹果平板电脑玩电子游戏呢。妮妮老师一看，心一下子又凉了下来。

妮妮老师一直反对小智的母亲为孩子玩游戏买平板电脑，但是她还是买了最新款的苹果平板电脑。

学习的时间到了，小智恋恋不舍地放下平板电脑，无精打采地坐到课桌前。然后有气无力地对妮妮老师说："我很累，不想学习。"

妮妮老师说："好的。那你就看妮妮老师一个人学习吧。"

小智"嗯"了一声就趴在了课桌上。

这时，妮妮老师看见了一张小智100分的数学卷子，就故作惊讶地说："100分，这是谁啊？真了不起。"

小智一听立刻抬起头，自满地说："是我啊，这是满分啊。这次，我没有数手指，是用头脑思考着计算的。"

"真了不起，拥抱一下吧。"妮妮老师兴奋地说。

　　小智一跃跳了起来，紧紧地拥抱着妮妮老师。

　　接下来，妮妮老师拿起语文的课外辅导课文，大声朗读。朗读时故意读错了很多地方。小智竖起耳朵认真地听着，他终于忍不住大声地对妮妮老师说："老师，你读错了，我来教你吧。记住了，我读一句老师读一句。"

　　妮妮老师说："好的。"

　　小智一边读还一边做出各种动作来表达语句的意思。当读到同学们跳到了天上鲸鱼的身上的时候，小智拖出了钢琴的椅子一跃便跳了上去。他告诉妮妮老师，这椅子就是鲸鱼，他便是鲸鱼上的男孩。课文中有一段话，"老师看了一下手表说：'都这个时间了，下课，同学们再见。'"小智特别喜欢这段话，要求妮妮老师一定要记住这段话，学习结束的时候，用这段话做结束语。"小智老师"认真地教妮妮老师。遇到不认识的汉字的时候，又小声地问妮妮老师"这怎么读"。

　　读完了课文，"小智老师"又让妮妮老师默写。妮妮老师说："不会。"

　　小智高兴地说："看我的。"小智真的把课文默写出来了。

　　最后，妮妮老师把文中的汉字提出来做了总结：一＋日＝田，一＋日＝申，一＋日＝目，二＋人＝天，雨＋田＝雷，田＋心＝思，田＋力＝男。

　　小智的手和妮妮老师的手一起沿着笔画的书写方向，练习着书写。在讲解汉字"男"的时候，妮妮老师告诉小智说："男人是很有力量的，他们能用自己的力量耕种一片田地，所以汉字的写法是田加力。"

　　小智听了妮妮老师的话以后，自豪地拍拍胸脯告诉妮妮老师说："妮妮老师，我是男生，我很有力量。"

　　学习结束时，小智突然拉住妮妮老师的手，泪汪汪地望着妮妮老师说："老师，帮我找母亲吧！"

　　妮妮老师不解地问："找母亲？母亲去哪里了？"

　　小智回答说："母亲说我不听话，不要我了，已经离开家一个星期了。"

　　妮妮老师赶紧给小智的母亲打电话，可是手机关机。

这时，小智的外婆走过来说："小智不乖，功课做得很慢，20分钟的作业要在母亲的帮助下，用两小时才完成。学校老师来电话说，班级要排练节目，小智也不参加。母亲很生气，就离家出走了。离家出走也就是吓唬吓唬孩子，老师不必担心，明后天就会回来的。"

外婆还说她也很生气。昨天，小智没有听外婆的话，外婆也收拾行李准备离家出走，吓得小智和小美哇哇地哭。

这一家人是怎么了？妮妮老师带着沉重的心情，拖着沉重的脚步离开了小智的家。

教育分析

1.顺其自然地因势利导

孩子就是孩子，每一个人都有自己做事的风格和节奏。有时候孩子做事慢，没有效率，家长就焦躁不安，迫不及待地介入孩子的学习，武断地帮助孩子学习。孩子如果按照家长的想法去做了，那就是好孩子，如果没有按照家长的想法去做，那就被定义为不乖。在小智的家里学习已经成为家长与孩子的一场战斗。家长动不动就怒斥孩子，再严重些就体罚孩子。这次小智的母亲还对孩子的精神进行了惩罚。虽然离家出走也只是吓唬吓唬孩子，但其产生的后果是很糟糕的。

在孩子学习时，家长的盲目介入，让孩子失去了自我学习的能力，家长成了孩子行走的拐杖。教子成才必须面对现实，按照"宽宽松松，顺其自然，因势利导"的原则进行。

家长应该给孩子足够的空间和时间，让孩子寻找自己内心的需求、兴趣和速度，自由、专心地做自己的事情。提高学习的效率，首先必须培养孩子的专注力和持久性。按照孩子的天性来实施教育是非常重要的。

2.适度表扬能振奋精神

本次教学，在孩子因玩游戏机身心疲惫的时候，以数学100分为媒介，适度地表扬了孩子，让孩子的精神从昏睡中清醒过来，有效地激发了孩子的学习热情。随着年龄的增长，孩子的自尊心也更强，适度地给孩子戴个"高帽子"，会振奋其精神。

当孩子的精神振奋起来的时候，教师又巧妙地让孩子做小老师，换位学习。这又进一步提高了孩子学习的兴趣，有效地缓解了孩子倦怠的情绪，使其全身心地投入到学习中。

3.用爱守护家庭和孩子

无论什么原因，母亲离家出走是非常错误的行为。母亲是家庭的核心与支柱，父亲长期在国外工作，母亲又这样离家出走，给孩子的心理造成了很大的伤害，在孩子的心里，就如同家被瓦解了一般，他不知道如何面对生活、面对同学，甚至不知道怎样面对自己，无形中增加了孩子的自卑感、恐惧感。

无论家里发生了什么，家庭永远是母亲的阵地，守护家、守护孩子是母亲的天职，营造温馨和谐的家庭气氛是母亲的责任。无论孩子出现了什么错误，母亲都要永远地站在孩子的身边，给予他们最大的温暖，最大的爱意。父母对孩子心灵的支持与爱护是非常重要的。父母要以真诚的心对待他们，以最大的耐心与爱心包容他们的不足，并用科学的方法进行引导，使其进步。孩子虽小，但也具有独立的人格，父母要多站在孩子的角度看问题，不要将自己的意志强加于孩子。父母的家庭教育应该要尊重孩子、以理服人、循循善诱，给予孩子最大的鼓励。对孩子爱而不骄，严厉而民主，自由而不放纵。

4.查明原因，对症下药

孩子做作业时拖拉、不认真，针对这一问题，必须要查明原因，再对症下药。这一问题的存在是因为：首先，没有发现适合孩子学习的模式和策略；其次，是没有发现阻碍学习的因素。每一个孩子都有自己独特的性格特征，有自己的偏好和天生优势，关键是我们一定要找到问题的根源，只有从根本上解决问题，才能改变孩子的现状，增强信心。家长不能够逃避问题，以出走来威胁孩子。这样做容易导致不良后果。通常有效的方法有以下两种：

第一，培养独立性。孩子在做作业的时候，家长一直陪伴在左右，不给孩子提供独立解决问题的环境，剥夺了其自我学习的机会。这种督学的方法，让孩子有了依赖，虽然只是20分钟的作业，其实，在孩子的心里，一直在等待家长的指导或得到家长的答案。孩子是在以时间来换取家长的帮助。要想让孩子独立而快速地完成作业，家长必须放弃陪读的习惯，让孩子独立地进行学习。

家长要从多个视角去看待自己个性化的孩子，多表扬，少批评。用温暖的语言、亲切的目光，来呵护其敏感而脆弱的心灵，激发他的进取心。

第二，刺激孩子的好奇心和求知欲。家长要多渠道地培养孩子的学习兴趣和探索精神，使学习变成一件有趣的、快乐的事和一个丰富多彩的过程，如逛超市，去图书馆，玩24点等等。让孩子对周围的事物和现象产生兴趣，渴望获得知识。

读者点评

读者点评1

文中的母亲以离家出走来威胁孩子的做法非常不明智。也许这次吓到了孩子，那么每一次孩子不听大人话的时候，都要离家出走吗？更让人不能理解的是外婆也想要离家出走。这些行为对孩子是一种伤害，反对这种做法。

读者点评2

教育孩子是一门很深的学问，我们做家长的一定要好好学习。要用温暖的方法解决孩子的问题。我觉得要孩子听家长的话，首先要让孩子尊重你。而且尊重是相互的。一个离家出走的家长怎么会赢得孩子尊重呢，孩子不尊重你，又怎么会听你的话呢。要想教育好孩子，首先教育自己吧。

手机躲猫猫

因为上周小智的母亲离家出走了，妮妮老师心里一直惦记着小智和小美，今天特意提前一个小时来到了小智的家。

走过小智家附近花园的时候，看见小智与小美正在桂花树下骑自行车。外婆站在远处守候着孩子们。

孩子们绕着桂花树骑着。小美骑在哥哥的前面，哥哥在后边不停地喊着："小美，骑快点。"

小美呵呵地笑着说："嗯，知道了！"

当孩子们看见了妮妮老师，丢下车子就向妮妮老师奔来。妮妮老师蹲下身子，抚摸着孩子们的头。小美伸出双手，搂住妮妮老师的脖子，小脸紧紧地贴在妮妮老师的脸上，嘴里不停地喊着"妮妮老师，妮妮老师"。

小智急忙问："妮妮老师，今天你住在我家吗？"

小美附和着说："对，我要和妮妮老师一起睡。"

妮妮老师说："不行啊，老师要回家的。"

孩子们着急地问："为什么？为什么不呢？"

妮妮老师说："家里有病重的爷爷要照顾，老师必须回家的。"

两个孩子低下头，没有了声音。妮妮老师一手牵着小智，一手抱着小美，一边向小智的家走去，一边哼着童谣《红叶》：

> 秋天来了，
>
> 红叶红了。
>
> 风中的红叶就像宝宝的手，
>
> 摇摇摆摆对我说：
>
> "小朋友好，秋天好！"

到了小智家，小智的母亲依然没有在家。

今天小智学习效果非常不好。小智不断地啃手指，铅笔头也被咬断了。学习中，一会儿上厕所，一会儿喝水，一会儿吃点心。一小时的学习中，小智坐立不安。学习结束时，小智用妮妮老师的手机查询了日历，在本子上认真地做了备忘录，记录了下次上课的时间。小智悄悄地告诉妮妮老师："10月7号，爸爸要从国外回来了，母亲该高兴了，她的嘴一定会笑弯的。"

妮妮老师说："爸爸回来了，难道小智的嘴不会笑弯吗？"

小智笑眯眯地望着妮妮老师，不做回答。满心的欢喜早已洋溢在小智灿烂的脸上。

今天，妮妮老师的心情又是非常沉重。

当妮妮老师离开小智家的时候，突然间，小美向妮妮老师奔来，抱住了妮妮老师的腿，哭喊着："老师，别走。"声声呼唤让妮妮老师的心都碎了。

外婆紧紧地抱着小美，小美向妮妮老师伸出双手，奋力挣扎着。妮妮老师不敢回头，伤心地离开了小智的家。

妮妮老师拖着沉重的脚步，一步一步走在回家的路上，夕阳把妮妮老师的影子拉得长长的，把妮妮老师的心也拉得长长的……

当妮妮老师把手伸进包里，寻找手机的时候，妮妮老师发现手机不见了。妮妮老师急忙借路人的电话拨打了自己的手机，发现手机不在服务区内。直觉告诉妮妮老师，手机一定是在小智的家里。

妮妮老师急忙返回了小智家。推开门，小智坐在沙发上，正聚精会神地玩游戏。小美将食盐倒了一地，正在玩过家家呢。妮妮老师和外婆到处找手机就是找不到。学习的时候，妮妮老师看见小智开过冰箱，所以把冰箱也上下检查了一遍，可还是没有找到手机。

这时，小智的母亲打网球回来，听说妮妮老师的手机没了，就把小智叫了过来，呵斥着小智："你把老师的手机放到哪里了，快找！"

小智望了望母亲，漫不经心地走到钢琴椅子旁，打开椅子的盖子，拿出手机递给了妮妮老师。小智的母亲见状很生气，就要打小智。妮妮老师赶紧说："都是手机不好，这手机会躲猫猫。"结果大家都笑了。从此，妮妮老师的手机又多了一个功能：躲猫猫。

 教育分析

1.啃手指的问题不可忽视

如果婴幼儿啃手指，家长可以忽略不管，但是六七岁的孩子还在啃手指，那就是心理有问题了。

最近，小智变得坐立不安，开始啃手指头、咬铅笔。

这些行为都是小智的家庭环境造成的。小智对母亲过度依赖，生活自理能力差。同时，母亲也存在着明显的焦虑、暴躁。小智的父亲长期在国外工作，很少有时间在家，家中教育孩子的事宜一概由母亲负责。小智的母亲又贪玩，把孩子全权交给了外婆和保姆。渴望母爱、渴望父爱是小智最深沉和迫切的心理需求。

美国心理学家通过调查发现，那些没有得到足够父爱的孩子情感障碍十分突出，出现焦虑、孤独、任性、多动、依赖、自尊心低下、自制力弱、攻击性强等行为缺陷的现象较为普遍。

啃手指、咬铅笔反映了孩子的心理需求未能获得及时满足。上周小智的母亲离家出走更是在孩子的心里投下了阴影。焦虑、恐惧、孤独、寂寞、紧张和不安

缠绕着孩子。在"啃手指问题"的背后，是孩子对健康和谐的家庭的渴望。母亲的任性、贪玩、逃避问题形成家庭功能的障碍。俗话说，十指连心。对待孩子的"啃手指问题"不可忽视，家长可采取一些具体的对策。

对策1：父母必须给予孩子关注与爱。孩子最需要的是母亲温馨的话语，温暖的怀抱。一个母亲不仅是孩子的母亲，更是孩子的老师、朋友、玩伴。母亲要担负起母亲呵护孩子内心的责任。

忙碌的父母，不要忘记腾出一点时间来与孩子交流。丰富多彩的亲子活动，可以让孩子感觉到家的温暖，拉近家长与孩子的距离。

比如，母亲可以和孩子一起共做一餐饭。做饭前，母亲可以征求孩子的意见，想吃什么。可以让孩子根据自己想吃的东西做出购物计划。孩子在做购物计划的时候，会写的就写，不会写的部分可以用图画表示出来。然后，给孩子一定的现金，一起去购物。回来后，一起洗菜，一起切菜，一起哼歌。对孩子来说这是一餐最奢侈的盛宴，因为除了美食的芬芳，还有母亲的味道。从盛宴中孩子不仅感受到了母爱，还从社会的实践中丰富了自己，让自己成长。一道菜从购买到加工到入口，物体形状的改变、颜色的改变、味道的改变，无不给孩子的心灵增添了爱的喜悦，给家庭增添了一份温馨。

在孩子出现啃手指的行为后，母亲绝对不能放任不管，更不应该训斥他的这种行为，而应该首先反省自己是不是对孩子关心太少，或观察与分析孩子内心没有得到安慰和满足的需求是什么，找到原因，对症行事。

对策2：占用双手，分散注意力。当家长看到自己的孩子在啃手指，首先要装做没看见，不可正面呵斥孩子。家长可以想出各种办法来让孩子用双手做事情。

让孩子捧一本书，读一个小故事，或者让孩子拿个抹布擦地。让孩子没有时间去啃手，这样啃手指的习惯也就慢慢消失了。

2.母亲要担负起育儿的责任

小智和小美不停地挽留妮妮老师住在家里，甚至为了挽留老师留在家里，小智采取了极端的行为——把老师的手机藏在钢琴椅子里面。这些都反映了孩子们母爱的缺失。缺少母爱本身会在心里产生阴影，孩子渴望有母亲的温暖，所以有时候需要另一种途径来得到满足。

在这个案例中，加强孩子与母亲的感情迫在眉睫。

首先，多给孩子一些心理关注，平时和孩子多沟通、交流，尽量满足孩子的心理需求。

其次，多带孩子出去玩，节假日可以带孩子去海洋世界、图书馆、植物园、动物园等，多做些亲子活动。这也是增进亲子感情的一种方式。

再次，尽量满足孩子的合理要求，多表扬和鼓励孩子，增强孩子的自信心。

 读者点评

读者点评1

现在有很多父母认为孩子的教育是老师的事。他们只顾去挣钱，然后去请保姆、去请家庭教师，和孩子的沟通极少，忽略了孩子的内心感受。殊不知这个世界有很多事是金钱解决不了的。像孩子和老人，都应该多花些时间陪陪他们。

读者点评2

"都是手机不好，这手机会躲猫猫。"简单的一句话，体现了妮妮老师非常机灵，颇有教育智慧，缓解了孩子与家长、老师之间的关系！

小智发烧

今天，小智的母亲来电话说小智发高烧了。

下班后，妮妮老师立即赶去看小智。小智的家门窗紧闭，小智躺在床上，盖着厚厚的被子，正在睡觉。

小智的母亲说："小智今天烧到38度，已经吃了退烧药，并在医院打了点滴。"

小智的母亲还高兴地对妮妮老师说："刚才，小智的烧已经退了。"

妮妮老师告诉小智的母亲："急速退烧，其实是非常不好的。"

如何对待孩子发烧不仅是小智母亲的问题，也是每一位家长都会面临的问题。现在周围的人一感冒就说快吃退烧药，快去挂水。尤其是孩子发烧感冒了，家长更是紧张得像天要塌下来一样，赶紧去看医生，要求医生给孩子吊盐水，而且认为吊盐水、吃贵的抗生素会好得快，可以减轻孩子的痛苦，或者减少病重的危险。其实，这些做法对孩子的身体是有害的。

孩子在感冒发烧的时候，频繁去医院，结果是大人孩子精疲力竭，还不利于患儿的休息及康复。在患儿生病期间，有些老人还要关紧窗门，把孩子裹得严严的，包得紧紧的。这样做使孩子们丧失了自己抵抗疾病的机会，机体的抵抗力因为总是缺乏应有的锻炼而不断降低，这是对感冒及感冒的治疗没有正确的认识造成的。

1.对发烧的认识

发烧本身不是疾病，而是一种症状，它是体内抵抗感染的机制之一。发烧是件好事，是在用自身的抵抗力与病菌战斗呢。

常见的普通感冒要慢慢地好，这样才能增强自身的免疫能力。

一般无细菌感染时，不需要静脉注射抗生素，留在医院打点滴会增加交叉感染的机会。打点滴不是越早越好，药也并非越贵越好。抗生素的滥用会导致耐药和菌群失调。

2.确认感冒发烧

人的正常体温是36℃～37℃，部分人在37.2℃。体温在37.3℃～38℃为低热，38.1℃～39℃为中度热，39.1℃～41℃为高热，41℃以上为超高热。一般只有在体温大于38.5℃时，才需要使用退热药，而且间隔的时间至少为4个小时，最好为6个小时。4个小时以内，温度再次升至38.5℃以上，应采用物理降温。

每个人的正常体温都不尽相同，而且在一天当中会有一些波动。激烈运动可使体温上升到39℃。而且，孩子的体温容易比大人高，一天当中的波动也更大。在此有个通则：假如体温在37.3℃～37.7℃，可以怀疑是发烧，若超过37.7℃，则是真的发烧了。

3.发烧后的对策

第一，补充液体。可以补充果蔬汁（这些液体含丰富的维生素及矿物质，尤其是甜菜汁及胡萝卜汁，如果你想喝番茄汁，应选用低钠的产品）、草茶（将1

茶匙等量的干百里香、菩提花及洋甘菊的混合物放入1杯沸水中，浸泡5分钟，过滤并趁温的时候喝，一天数次）、菩提花茶（将1大匙菩提花加入1杯沸水中，依上述方法制备，趁热喝，一天数次）。如果呕吐情形不严重，还可以吃用果汁自制的冰块退烧。

第二，湿敷。热的湿敷可退烧，但是当病人觉得热得很不舒服时，应以冷湿敷取代。在额头、手腕、小腿上各放一块冷的湿毛巾，其他部位应以衣物盖住。

第三，泡澡。婴儿应以室温的温水洗澡。另一种方式则是以湿毛巾包住婴儿，每15分钟换一次。

第四，穿衣要适量。使用常识来判断穿衣服的多寡。如果孩子很热，则脱下过多的衣物，使体内的热气可以散发出来。但假使孩子打寒颤，应以衣物裹身，直到不冷为止。特别注意小婴儿，因为当他们感到过热时，并不懂得脱下衣物。其实，给小孩穿过多衣服或把他们置于酷热的场所，都可能引起发烧。这样不但不利于散热降温，而且还容易诱发小儿高热惊厥。

第五，调节室内温度。尽可能营造良好的病房气氛，勿使室温过高，以利病人康复。同时，应让室内适度地透气，以帮助复原，但勿使用通风设备。并保持柔和的光线，使病人放松心情。

第六，想吃就吃。发烧期间，无需苦恼该吃什么或不该吃什么。有些医师偏好禁食(只喝果汁)，直到烧退为止；有些医师则认为应该吃些东西才好，因为身体发烧时，会消耗热量。总之，选择还是在你，想吃什么就吃什么，只是别忘了补充足够的水分。

第七，及时就诊，遵照医嘱按时、按量服药。

4.平时的身体保健

日常的身体保健包括适度的锻炼身体，加强身体的抵抗力；尽量少穿衣服，增强自身的温度调节能力；多吃韭菜增强自身的免疫力；多吃西瓜、猕猴桃等富含维生素C的水果；保持愉悦的心情；保持健康的饮食习惯。

读者点评

读者点评1

我对发烧就没有正确的认识。孩子一生病我就紧张，孩子咳嗽一声，我就害怕。一有风吹草动我就带着孩子去医院，好像看见了医生我就安心了。我小孩现在2岁，对吊盐水已经有依赖了，每个月必须吊一次盐水，否者就会高烧不退。因为无知，我让我的孩子丧失了自身的免疫力。能读到这篇文章我还算幸运，我也要努力让孩子戒掉吊盐水。太谢谢妮妮老师了！

读者点评2

这篇文章对千万个家庭都有指导作用，不仅只有孩子会发烧，大人也会发烧。文章说发烧对人体来说是件好事。我第一次看到这样的说法，真是长知识了。

预防发烧、抵抗发烧要从生活中点点滴滴的细节做起。要做到吃好、喝好、穿好。只有强身健体，才能学习好、工作好。

小智逃学

最近，小智的学习有了很大进步。小智的母亲非常开心，觉得放心多了，于是对小智的关心也减少了。

今天，小智的母亲在外面办事，突然接到小智班主任的电话说："小智没来上课。"

小智没去上课？怎么会呢？小智的母亲第一个反应就是小智逃学了。

小智的母亲和老师通完电话，立即驱车回家去寻找小智。此时，心一阵阵地痛，她怎么也想不通小智为什么会逃学。小智应该在家里了吧？她气得简直要发疯，她想，如果抓住小智，肯定先暴打一顿。她加快了车速，要赶紧找小智问个究竟。

在路上，小智的母亲给妮妮老师打了电话，告诉妮妮老师小智逃学了。

妮妮老师赶紧安慰小智的母亲，让她先不要生气。妮妮老师说："小智逃学一定是有原因的。无论是什么原因，都要保持镇静，给予孩子最大的宽容与理解。"

小智的母亲听了妮妮老师的开导，阴沉的心情微微好转，她决定按照妮妮老师的方法去处理这件事。

小智的母亲到了家门口，看见小智坐在门口的台阶上，蜷缩着身子睡着了。

她一阵心酸，所有的怒气已经烟消云散。她冲过去抱起了孩子。小智迷迷糊糊又怯生生地望着母亲，小声地说："母亲，我肚子好疼，所以我从学校跑回来了。"

母亲紧紧地抱着小智，什么话也不说，小智被母亲的爱包裹着，感觉好舒服。

小智的母亲开始了自责。早上起床的时候，孩子就说肚子疼，可就是没理会孩子。作为母亲是多么失职啊。

进了房间，小智的母亲用热毛巾给小智擦洗了面颊，还让小智喝了一杯热水。

小智躺在母亲温暖的怀里开心地笑了，告诉母亲："肚子不痛了。"

母亲对小智说："上下午的课还来得及，去学校上课吧。"

小智有点犹豫，结结巴巴地说："早上我从学校逃回来，下午再去，老师会批评我，同学会笑话我。我不想去学校。"

母亲呵呵地笑着说："不要担心，母亲和你一起去，告诉老师你生病了。是母亲的错，母亲没有照顾好你。"

小智看到母亲在向自己承认错误，低下了头想了一会儿，对母亲说："妈妈，其实我也有错，不该不和老师请假就偷偷地跑回来，让妈妈担心，让老师担心。"

母亲听到小智这样说，一股暖流涌上了心头。看来"逃学"也不是一件坏事，孩子通过这件事成长了。

母亲牵着小智的手向教师办公室走去。快到办公室的时候，小智突然躲到母亲的身后。

见到班主任后，母亲立刻向老师承认了自己的错误。她很庆幸自己能够及时发现错误。小智的逃学也让她懂得：孩子不是养大就好了。孩子需要关爱与呵护。孩子有病痛、挫折的时候，需要母亲的陪伴；孩子有了成绩的时候，也想要和母亲分享。

从教师办公室出来后，小智开心地走进了教室。

教育分析

1.理解、宽容、尊重孩子

在小智逃学的问题上，孩子的母亲很好地控制了自己的情绪，没有打骂孩子。其实，打骂孩子只会让他有负罪感、耻辱感。负罪感和耻辱感会打击孩子的自尊心，在孩子心中留下阴影，造成痛苦和伤害。

爱是无形的，在孩子最孤独无助的时候，有技巧地给予孩子充分的爱，而且让孩子感受到这些爱是非常必要的。母亲给了孩子一个温暖的拥抱，及时的拥抱给了孩子安全感、幸福感、信赖感。

母亲和颜悦色地与孩子沟通，使孩子感受到了母亲对自己的理解与接纳。母亲不纠缠于事件，而是启发孩子去思考自己的需求。母亲做到了读懂和理解自己的孩子，没有遇到问题就把孩子定性为什么"问题儿童"，也没轻易地给孩子贴上所谓的坏孩子的标签，让孩子在逃学中得到了成长。

2.孩子的身心健康不容疏忽

父母千万不能因为忙而忽略了孩子的身体健康。幸亏这次孩子只是普通的肚子痛，如果是其他严重的疾病，不是后果严重了吗？

在孩子的成长中，父母无论多么忙都要注意孩子的健康，既要关心其身体健康，也要关心其心理健康。孩子的成长需要爱的滋养。每个早晨，除了温暖地和孩子说一声早上好，还要对孩子进行观察，观察的内容包括气色、精神状态、语音语调、食量等等，确保孩子的身心健康，使其成为人格健全的人。

读者点评1

小智逃学是有原因的，家长没有急着责备孩子而是给予了孩子温暖的呵护。一次逃学反而拉近了母子间的距离，这是个可以学习的案例。

读者点评2

当孩子遇到问题的时候，原则上是要先接纳孩子的情绪，再处理事情。但是，现实生活中，一旦遇到孩子发生情况，父母急着要干预，有时甚至代替孩子处理，让孩子难以成长。

小智逃学虽然不是一件好事，但是孩子在事件中得到了成长。家长的处理方法非常值得推荐。

读者点评3

孩子很有可能犯一些所谓的错，也会有情绪的波动起伏和想法的变化。允许孩子犯错，允许孩子有一些波动，允许孩子有不乖的时候，允许孩子有些小失误，这样孩子就可以在宽容、关爱的环境里自由地成长。

第五章
生命教育

关心孩子的健康不仅要关心其身体健康，还要关心其心理健康。一个人的存在和发展，生命是基础，生命教育是从思想道德教育层面、价值追求角度和生命发展过程出发，让孩子学会感悟生命、欣赏生命、热爱生命、创造生命，会用生命影响生命、用生命感动生命，唤醒孩子尊重生命的良知。

本章的五个故事中，孩子通过自身的体验，感受到了生命的气息。孩子们在自身的体验中惊奇地发现爱是会成长的。同时，孩子自身的灵魂也得到了锻炼，这种生命教育来自生活的点点滴滴而非单纯的理性知识和认知的堆积。

当孩子能够和被遗弃的小树枝、被遗弃的猫咪、小鸡雏产生深厚感情的时候，他们也自然地懂得了对人的尊重、对宇宙的敬畏，最基本的就是尊重生命的存在，知晓生命的不可重复性。人与植物之间的爱，人与小动物之间的爱，人与自然之间的爱，让孩子懂得如何呵护自然生命，提升生命的价值。

教育根植于爱，爱是生命的源泉。不断地给孩子以向上、向善的力量，让生命放射出光芒，每天付出一点爱，爱是会成长的，纯洁的心灵也是会成长的。

让孩子在生命教育中，不断地认识自我、改进自我。学会认知，学会做事，学会与自身以外的生命共生。同时，让孩子们懂得互相理解、谦让、帮助、和谐相处，使每个孩子的童年更加美丽灿烂。阅读本章，您将感悟到：

因为爱，脆弱的生命变得坚强勇敢，枯萎的生命变得鲜活灵动。教育已经深深地根植于爱。走进自然，走近生命，孩子们用自己的力量感悟到了生命的内涵，感受到了生命的价值，刻画出了生命的模样。

被遗弃的小树枝

　　有一天，妮妮老师和小智在花园里散步，看到道路的两旁，横七竖八地躺着被修剪下的，瓜子黄杨的小树枝。小智随手捡了一根，从此，这根小树枝就走进了小智的生活，快乐地成长为一棵迷你小树。它给小智带来许多生命的感动。

　　那天，回到小智家，小智拿着小树枝问："妮妮老师，小树枝放在哪里呢？"

　　妮妮老师说："我们做插花吧。"

　　"做插花？"小智低下头仔细地看着手里的小树枝，一脸的疑惑。

　　妮妮老师高兴地找来花瓶交给小智，让他将花瓶装上清水，配上了几朵花，一起插起来。小智被这个创意过程和最后的景象感染了：一个被遗弃的生命在不经意间绽放着美丽。他欣赏着自己的杰作，若有所思地问妮妮老师："这小树枝很精神，不知道能养多久？"

　　"是啊，能养多久呢？不管能养多久，我们好好照顾它好吗？"

　　"好的，我要经常给它换水，还给它配上花。"小智自信满满地说。

　　妮妮老师回答说："小智，你真棒，小树枝一定会感受到你的爱。"

　　就这样，小智拥有了一束独一无二的插花。小树枝时时展现出勃勃的生机。渐渐地，小智和小树枝有了一份深厚的感情。小树枝在小智的期待中成长着，树枝间的花也在不断地变换着。

有一次，妮妮老师在小智家做客，突然，小智大声地喊着："小树枝长根了，快来看啊。"

妮妮老师急忙地赶过去看："真的，小树枝长根了。那白白嫩嫩的根好可爱。快给小树枝安个家吧。"妮妮老师说。

妮妮老师找出了报废的灯罩，在灯罩的底部缺口处放上了酸奶盒的盒盖，再将灯罩盛满花土，最后，将小树枝植入泥土。当小树枝被清凉的水浇灌之后，它就心满意足地伸展着小枝叶。就这样，废弃的灯罩成了小树枝美丽的家，废弃的酸奶盒盖成了美丽的家门。小树枝从容优雅地安居在新家里。

小树枝静静地吐绿，温馨、轻盈。它努力地成长，创造着一个爱的奇迹。在这个充满关爱的空间里，小智拥有了许多感动，尽管很微小，但充满着力量。

小智问妮妮老师："老师，我在母亲肚子里的时候，是不是也像小树枝一样一点点地长大？我是从一个小肉球探出头，长出手，伸出脚丫的吧？"

妮妮老师笑着回答说："对啊，这小树枝真的有点像你呢。"

小智久久地凝视着迷你小树，迷你小树的树干灰白光洁，叶儿碧绿青翠。他脸上时而惊奇，时而喜悦，好像懂得了生命的意义。就在这一瞬间，也许他知道了什么是生命的幸福。一根被遗弃的小树枝、一个废弃的灯罩、一个废弃的酸奶盒盖，因为它们邂逅了小小的关爱，洋溢着生命的喜悦。

有一天，小智发现小树枝开始落叶。小智看见了妮妮老师立刻就扑了过来，拉着妮妮老师，直奔小树枝，结结巴巴地说："快看呀，小树枝生病了，叶子都快落光了。怎么办，怎么办啊？"小智的声音里带着哭声。

妮妮老师看了一下，很为难地说："对不起，我也不知道怎么办啊。"

小智一愣，马上说："不行，妮妮老师是一个很有知识的人，不知道是不行的，你要学习，学习了以后教我好吗？"

妮妮老师听了小智的话，脸一下子红了起来。

妮妮老师说："我们一起去学习好吗？"

"好的。"小智用热切的目光望着老师。

"我们一起去苗圃，请教园丁吧。"妮妮老师说。

他们去了苗圃，请教了园丁。

园丁说："瓜子黄杨生了煤污病，治疗的关键是清除介壳虫，并要经常给叶面喷水，冲洗灰尘。"

妮妮老师和小智在园丁的指导下，购买了药水。他们一起给小树枝进行了一次彻底的治疗。康复后的小树枝绿意盈盈，精神抖擞。

有时候，迷你小树还会给人一份惊喜。记得春节的时候，迷你小树花期提前，开了一树嫩黄色的花，毫不张扬地吐露着芬芳，毫无保留地传递着欢欣，那种静谧中的安详，质朴中的馨香，感恩地绽放，彰显了一个朴实无华的生命。

春天里，小树枝执着地又发出了新枝。那柔嫩的小叶油亮、光鲜，一点点地探出头来，羞答答地触摸着春天。

享受生活，无需太多，只要拥有一份浪漫的情怀，就会有诗意的生活。感受生命，无需太多，只要能够做出感恩的举动，就会有生命的鲜亮。小树枝抽芽吐绿，生命如此可爱。小树枝扎根泥土，生命如此顽强。

瓜子黄杨有净化空气的本领。被遗弃的小树枝默默地担负起净化小智家里空气的责任，成为名副其实的室内空气净化卫士。

妮妮老师和小智给小树枝写了一首童谣《小树枝》：

小树枝，住我家，绿树叶，白脚丫，伸伸腰，做做操，晒晒太阳，快长高！

我的爱，住我家，绿树叶，粉灯罩，握握手，眯眯笑，晒晒太阳，快长高！

妮妮老师和小智经常给小树枝吟诵这首童谣，小树枝似乎听懂了，在微风中欢快地舞动着枝叶。

外一篇：爱有花开（小·智的作文）

大年三十晚上，我们一家人正坐在客厅里看春节联欢晚会。"你们闻到什么味道了吗？"母亲问。

听母亲这样一问，我和妹妹小美一起使劲地嗅着味道，揣摩香味的来源。一股悠悠荡荡、清清淡淡的花香在客厅里弥漫着，温暖而舒适。"嗯，是有点香味。"我对母亲说。

小美四处寻找香味的源头，在书房门口停住了脚步，推开虚掩的房门走了进去。不一会儿，她像是发现了宝贝一样，跑了出来，兴奋地喊着："小树枝开花了，快来看啊！"

"被遗弃的小树枝开花了？"我快步跑进书房，一看，哈哈，小树枝真的开花了。她小巧的花朵是由像大头针一样的黄嫩的细棒棒组成的，花团像天真的孩子，羞涩中带着几分顽皮，藏在树叶下，眨着眼睛，好奇地张望着这五彩缤纷的世界。

小树枝也知道过年了，就像小孩子过年要穿新衣戴新帽一样，小树枝过年要长绿叶开黄花。原来小树枝和孩子们一样，也喜欢过年。

我赶紧把小树枝从书房移到客厅的茶几上，一家人欣赏着它。爸爸说："它的香是斯斯文文的，是朦朦胧胧的。"

母亲说："它香得人喜气洋洋，香得人心旷神怡。"

我说："它香得人心花怒放，香得人喜笑颜开。"

妹妹小美直说："香，好香，真香。"

我赶紧打电话给妮妮老师，把瓜子黄杨开花的消息告诉了她。妮妮老师即兴作了一首诗《赞瓜子黄杨》：

爱心育出数朵黄，

隐身叶丛不张扬。

幽幽暗香把春报，

万物共生幸福长。

在我眼中，这被遗弃的小树枝是和我一起成长的好伙伴。我给它一份关爱，它送我一树花香。妮妮老师常常对我说："人间万物，要共生。"以前我不理解这句话的意思，现在我明白了什么是共生。共生最简单的意思就是：生命不分你我，一起友爱地生活。就像我和被遗弃的小树枝一样。

后来，我查了资料，书上说瓜子黄杨的花期应该是在每年的四五月份。但被遗弃的小树枝在节日里盛开，给我们带来了吉祥如意，花儿也是有心的。这让我相信：有爱就会花开，有爱就会有奇迹，有爱就会有欢乐。

 教育分析

1.启迪儿童热爱自然和生命

一根被遗弃的小树枝、一个报废的灯罩、一个废弃的酸奶盒盖有效地组合在一起，让生命发出了光亮。一份又一份生命的光亮，让小智知道：生命永远都是平等的。这个世界上本不应存在废弃的生命，每一个生命都是最美、最棒的！

被遗弃的小树枝在成长，纯洁的心灵在成长，热爱生命的心也在成长……

这不仅是最好的低碳教育，更是尊重生命、关爱生命的实践教育。在我们身边，点点滴滴都是低碳生活，都是爱的生活。

生命热爱教育是长久的过程，在小树成长的过程中，体现了孩子对生命持续的关怀与善良的耐心。

2.对于培养孩子实践能力有积极意义

在小树枝的成长过程中，孩子用自己的行动，拯救了一个生命；用自己的眼睛，看到了生命的美丽；用自己的手，触摸到了生命的每一个脉络；用自己的思想，感受到了生命的努力与坚强。同时，也感受到了自身的强大与力量。

对孩子的教育首先是生命热爱教育。努力培养孩子纯洁心灵，让纯洁的心灵不断成长。在孩子的教育中，培养孩子与生命力发生共振的能力，才是作为人存在的实际能力。只有培养出这种实际能力，才会使其成为一名品德高尚的人。

读者点评

读者点评1

这是一堂爱的实践课。在被遗弃的小树枝的成长过程中，孩子真正地体会到了世界上每一个生物都需要我们给予爱与呵护。被遗弃的小树枝重新诠释了废弃物的概念。世界上没有废弃物。所谓废弃物，其实就是被放错了位置的宝贝！

读者点评2

只要我们耐心地去呵护，爱就会生根发芽，茁壮成长。有爱就会有美好的世界。妮妮老师通过被遗弃的小树枝让孩子深刻地感受到了爱是会成长的。

读者点评3

真感人！生活即教育，生活即成长。生命热爱教育应该是孩子们人生的第一课。从小培养对生命的积极态度，是心理健康教育中很重要的一个环节，能使受教育者热爱生活、热爱人生、热爱生命。

读者点评4

认真拜读作品，感觉非常好。好就好在此文之立意，用一根被遗弃的小树枝的故事告诉人们要有爱心；启发人们如何培养孩子的爱心和通过自己的劳动取得成就，收获快乐；此文读来普通，平凡之中见伟大……

生命在于塑造，那种奔放的活力，因为爱而让世界多彩。不起眼的举动，善良的爱心，能让一个濒临枯萎的生命焕发生机，让幼小的心灵充满伟大的感动。育人育己，妮妮老师辛苦了！

读者点评5

很有寓意的小事件大主题。朴素的文字阐述了一个伟大的真理：生命的意义不在于辉煌和奇迹，而在于点点滴滴的自强不息，在于默默的爱与被爱中！

向老师致敬！没有爱就没有教育。"对孩子的教育首先是生命热爱教育"不失为一种很好的教育观点。

这一教育案例无论对教师还是对家长，都有很大的启迪和帮助。

读者点评6

这篇故事很感人。教我看到了教育者对生命的诠释和热爱，孩子从小就应该受到这样的教育，让他们能够爱生命、爱国家、爱社会、爱家人、爱朋友，我觉得有爱就有了尊重，也就有了保护意识。事实上任何生命都需要关爱、需要尊重，也需要保护。妮妮老师针对性的教育成就了生命的绿色和繁荣，也使幼小的心灵更加美丽和健康。

读者点评7

在孩子的心目中，教师就是神，什么都会。当小智问妮妮老师小树生病了该怎么办的时候，老师不知道。但是妮妮老师能够和孩子一起认真学习，积极解决问题。无形中，教师的形象在孩子的心中更加高大了。我喜欢妮妮老师的做法。做教师的千万不能不懂装懂，勇敢地说出自己不懂也是一种良好的品德。

读者点评8

很优美的一篇文字，很温馨的一幅画面，很动人的一个故事……我不知道小智是怎样一个孩子，但我知道一定是个好孩子，现在是，将来也是。还有，生命热爱教育是成功的，小智就是生命热爱教育培育出来的爱的花朵。真希望多一些这样的教育，让人们少一些功利，少一些浮躁，多一些爱，多一些感恩，世界才会多一些美好！

读者点评9

一件平凡的小事却洋溢着鲜亮的神采，带给读者的是愉悦的心情和无限的热爱。有爱心、有热忱的人才能感受如此美好的生活，才会尊重、珍惜社会和世界的给予。尊重生活的一点一滴，其实，就是尊重自我。

星星和花花

星期天，小智的母亲带小智和小美去和平公园玩。

在和平公园门口，小智看见有一位老爷爷在卖小鸡雏。圆圆的大箩筐里，盛满了网球一样的小鸡雏，小鸡雏们互相拥挤着，歌唱着："叽叽，叽叽……"

小智拉住了母亲的手，央求着说："我要买这个。"

小美见状也赶紧说："我也要。"

小智的母亲犹豫了一下说："你们一人选一只吧。"

大箩筐里的小鸡雏们仿佛听懂了小智母亲的话，每一只都仰起头，抖动着小尾巴，"叽叽叽"叫得更欢了。仿佛在对孩子们说："选我吧，我要和你们做朋友。"

小智选了一只小鸡雏，把它捧在手里。小鸡雏眨着灵动的黑眼睛，笑眯眯地望着新朋友。小智发现它还是双眼皮呢。它开心地张开尖尖的小嘴，对着小智"叽叽，叽叽……"叫个不停，好像在说："你好，我的朋友。"

小智抚摸着柔软、温暖的小生命，小鸡雏享受着暖暖的爱意，幸福地闭上了眼睛。

小美也选了一只小鸡雏。她选的小鸡雏比小智的小一点，但是黄绒绒的毛更具有光泽，油油的，亮亮的，小巧而机灵。

从此，孩子的世界里多了两个朋友。孩子们给小鸡雏分别取了可爱的名字：小智的小鸡雏叫星星，小美的小鸡雏叫花花。

回到家中，小智的母亲和孩子们一起用纸箱给小鸡雏做了一间漂亮的房子——一幢蘑菇屋。

孩子们一边做蘑菇屋，一边憧憬着星星和花花长大以后还会生出一群小星星、小花花。

就这样星星和花花走进了小智和小美的生活，小智负责打扫蘑菇房的卫生，小美负责给小鸡雏准备食物和水。

小鸡雏也有颗天真的心，看到移动的东西便追。有时，小智故意逗它们，走到它们眼前，小智跑，它们就追；小智停，它们也停，好玩极了。

放学回来，小智一开门，小鸡雏就跑过来，一直跟在他脚后。小智蹲下，把手摊开，它便一纵身，跳到掌上，沿着他的臂膀一直爬到肩头，低头啄啄他，叫几声，再啄啄他。

每天小智一起床，小鸡雏就跟着小智，"叽叽，叽叽"地歌唱着"早上好"。小鸡雏跟在小智后面，小智走到哪儿，就跟到哪儿，形影不离。

每次妮妮老师来的时候，孩子们和小鸡雏都会早早地站在门口等候着。一见到妮妮老师，小鸡雏就欢天喜地地唱个不停。妮妮老师和孩子们一起为小鸡雏作了一首童谣《小鸡雏》。

小智弹钢琴的时候，星星和花花竟然从地板上跳到沙发上，再借助沙发的高度，跳到了钢琴的盖子上，和着琴声引颈高歌。

星星和花花的歌声稚嫩柔婉，天生的歌唱家呀。

小智将童谣《小鸡雏》弹唱给小鸡雏听：

　　　　我的朋友小鸡雏，

　　　　每天"叽叽，叽叽"。

　　　　我说："小鸡，早上好！"

小鸡回答："叽叽，叽叽。"

我和小鸡捉迷藏，
小鸡藏在树后头，
露出黄色的绒绒毛。
看到了，看到了，
我的小鸡在那里！

我学小鸡叽叽，
树后的小鸡探出头，
小鸡"叽叽，叽叽"，
四处张望，找朋友。

这时候，小美也扭动着身子，拍着小手歌唱着："喜欢歌唱的小鸡雏，每天'叽叽，叽叽'……"

星星和花花在钢琴盖上，唱到高潮的时候，还即兴来一摊"臭臭"，惹得孩子们笑得前仰后合。

傍晚，带领星星和花花散步是两个孩子必做的事情。

小鸡雏在草坪上奔跑、歌唱、觅食，在"叽叽，叽叽"的欢歌笑语中，星星和花花长大了。

两只小鸡双腿修长，羽毛洁白，头戴粉红色的"公主冠"，亭亭玉立。

长大了的星星和花花特别爱美，不时地用嘴巴梳理鲜亮的羽毛。它们的歌声也从"叽叽"变成了"咯咯"。它们的房间也从屋里的小蘑菇房变成了屋外的小木屋。

有一天早上，小木屋的门敞开着，星星和花花不见了。

孩子们不停地呼喊着星星和花花的名字，可是它们再也没有出现。

小智和小美哭成了泪人。孩子们问母亲："星星和花花去哪里了？"

128

母亲说："大概去找鸡妈妈了。"

孩子们安心地笑了。

孩子们的心中又有了一个小小的期盼，期盼着星星和花花早点回家。

教育分析

1.小动物培养孩子仁爱之心

对于孩子们来说，小鸡雏已经不单单是一种小动物，而是他们亲密的朋友，可爱的宝贝。在与小鸡雏共同生活的过程中，孩子们付出了劳动，精心照顾小鸡雏，为小鸡雏打扫卫生，准备食物和水。通过这些活动，不仅让孩子养成了自律性，增强了动手能力，也让他们感觉到了自己的力量，感觉到自己被需要。

在呵护小鸡雏的同时，显示了孩子们的爱心和善良的本质。

小鸡雏和孩子们的一场音乐会是非常感人的，人与动物之间的爱体现在点点滴滴的生活细节之中，这些都有利于培养孩子的仁爱之心，对于塑造他们的人格是非常有益的。孩子们用自己的力量去照顾小鸡雏，享受着人与动物之间和谐相处的美好。

2.培养孩子对动物世界的兴趣

培养、提升孩子对自然界的兴趣，是开发孩子自然智能的基础和前提。在与小鸡雏共同生活的过程中，通过看、听、闻、摸几方面的结合，训练了孩子们的观察力，各种感官的调动，使孩子们最大限度地获得了小鸡雏的信息。如小鸡雏的毛是黄色的，随着它们的成长，毛的颜色在发生变化，叫声也在发生变化。这些奇妙的变化都会唤起孩子们的好奇心，使他们对动物世界产生浓厚的兴趣。

读者点评

读者点评1

人与动物之爱，在跳跃的文字中流淌，这是爱的教育，感人。

读者点评2

孩子已经把照顾小鸡雏当作自己的事来做，责任感已经悄无声息地灌输到孩子的思想中。有责任才会有担当，有担当的孩子才能成才。

秘密军事基地

这个星期天是孩子们的集体课外活动时间。活动内容是在山上建立秘密军事基地。参加活动的孩子是来自全市各区的中、小学生，共计四十名。活动分五组，每组选一个孩子当组长，并配一名指导教官和两名志愿者。妮妮老师是这次活动的志愿者。

早晨起来，天下起了小雨，淅淅沥沥的，时而又透出少许阳光。妮妮老师带着小智一起参加这次活动。小智是这次活动中最小的孩子。

八点钟，孩子们就在山脚下集合了。每组领取军用手套八副、铁锹四把、铁锯一把、铅笔两支、A4白纸四张、直尺一把、卷尺一把、口哨一个、塑料薄膜一块、急救箱一个、指南针一个、地图一张。

集合完毕后，孩子们以组为单位开始登山。走在通往山顶的竹林小道上，脚下踩的是湿软的泥土。细雨中的竹林，空气清新，沁人心脾。竹叶虔诚地捧起晶莹剔透的水珠，风吹竹摇，水珠俏皮地滑落下来，迅速地隐身到泥土里。

山路两边挺拔的竹子，如同战士般炯炯有神地望着远方，似乎在守护这一片净土。偶尔停下脚步，还可以看到这里、那里，有小竹笋露出笑脸，四处张望着。不远处传来一阵阵"叮咚"的声响，是潺潺的溪水在欢唱。

"啪啪"数声，几只小鸟从竹林中飞起，在天上盘旋着。仰头望，那些密密的竹叶，遮住了阳光，细细碎碎的光从叶与叶的间隙里透出来，在地上映出一小块一小块的光斑。竹叶婆娑，光斑舞动。

孩子们在半山腰寻找着建立秘密军事基地的地点。8点30分，妮妮老师一组在坑洼处找到了一片隐蔽的场所。孩子们像一群小鸟欢快地飞落在那片场地。

孩子们围坐一圈，指导教官和小组长站在当中。首先，指导教官教孩子们在地图上看坐标，了解实际方位，并教会孩子们指出自己所在城市的方向及从所在城市到达此山上的路程。接着，孩子们开始七嘴八舌地讨论如何建立秘密军事基地。讨论的结果是：

一、建筑方案

1.在坑洼地的上方，挖长1.5米、深1米、宽1米的坑。

2.在坑底铺上干树叶，在坑的四壁上挖四个照明处。

3.坑顶用长竹竿封顶（竹竿长度要求1.8米），最后，顶棚上撒上枯叶和土。

（记录的同学还根据大家的意见画出了建筑图纸。）

二、人员分工

1.挖坑组：四人。

2.材料组：四人（准备建筑材料，砍竹子，收集枯叶）。

三、安全事项

1.挖土时，注意不要扬土，以免迷到自己或他人的眼睛。

2.拉锯时，注意不要割到自己的手。

3.如有受伤，及时报告，及时处理。

四、作业时间

9：00~12：00，其中10：30挖坑组和材料组互换作业内容。

五、参观总结

12：00~12：30，参观评比秘密军事基地。

9点钟，随着组长的一声口哨声，孩子们投入到了紧张的施工中。挖坑的孩子首先用指南针测量秘密军事基地在地图上的方位，然后用卷尺在地上丈量出一个长1.5米、宽1米的长方形。然后，四个孩子各自站在长方形的一条边上开始挖坑。作业开始后，有一个孩子不小心一脚踩空，抱着铁锹掉进了坑里，其他孩子见状赶紧放下工作，跳进坑里，帮助他从坑里爬出来。孩子们的脸上、脚上、身上都沾满了泥土。他们你看我，我看你，一张张小花脸乐开了花。

材料组的孩子们开始寻找高度合适的竹子，找准目标后开始用铁锯伐竹。小智是材料组的成员，两个孩子扶住竹子，小智和另一个小学四年级的哥哥一起伐竹。小智握着铁锯的一头，哥哥握着另一头。两人你推一下，他拉一下，竹子发出"滋啦滋啦"的声音，竹屑开始飞扬，竹子的清香也开始在空气中弥漫，在"一二、一二"的口号声中，竹子倒下了。两人把铁锯一扔，紧紧地拥抱在一起。高高的竹子倒了，孩子们看到了自己的力量，看到了合作的力量。被伐倒的竹子根据需要进行再加工，锯成1.8米长的竹竿。小智拉着卷尺的一头，哥哥将卷尺慢慢地拉开，丈量着竹子的长度。最后，小智和哥哥一起把加工好的竹子送到施工现场。

小智年龄小，个子不高，力气不够，抬竹子有些吃力。志愿者老师想帮助他，被小智拒绝了。他弯着身子，两手紧紧地抱住竹竿，一步一步艰难地行走在山路上。汗水和雨水在孩子们的脸上流淌着，孩子们的笑声在竹林中飞扬着。

坑挖好了，材料准备齐了。组长吹响了口哨。七个组员站成一排听组长安排最后的工作。四个孩子下到坑里铺树叶，其余四个向坑里运送树叶。封顶的时候竹竿是交叉铺在坑顶的。竹竿封顶后，又在竹竿上铺上塑料薄膜，薄膜的上方撒上一层土，最后在土上不均匀地撒上落叶。

孩子们齐心协力，终于建好了秘密军事基地。孩子们争先恐后地跳到坑里感受秘密军事基地的魅力。孩子们藏在基地中，在山上看不见了孩子们的踪影，只有泉水"叮咚"的声音还有"窸窸窣窣"的挤压叶子的声音。

这时，从地下传来一阵歌声：

小狐狸住在山洞中，

树叶是被子，

树叶是衣服，

太阳是大饼，

松鼠是朋友，

大山是我家。

这歌声来自地下，却在竹林中久久回荡……

12点钟，四十个孩子集合在一起，一起去考察五个秘密军事基地。考察中，孩子们用笔记录着每一个军事基地的隐蔽性、安全性、牢固性、容纳性、通风性、实用性。通过考察，他们找到了各自秘密军事基地的优点和缺点。

傍晚，孩子们恋恋不舍地告别了大山，告别了秘密军事基地。一路上，他们唱着：

夕阳西下，

寺庙的钟声在敲响，

手牵手，

和飞翔的小鸟一起回家……

教育分析

1.增强集体合作能力

要想建立一个秘密军事基地，这绝不是一个人能够完成的工作。通过实践，孩子们懂得了做事的先后顺序，如何分工合作。孩子们通过集体讨论画出了秘密军事基地的图纸。根据需要，孩子们还进行了具体的分工。伐竹时，就必须密切合作。一把铁锯连接着两人，一推一拉完成了伐竹工作。伐竹后，还要进行再加工，丈量竹子的长度也需要两人完成。挖坑时，一个孩子掉进了坑里，其他孩子齐心协力救助他。

在建立秘密军事基地的过程当中，合作的精神贯穿始终。孩子们感受到了自己是团队的一分子，集体的力量无比强大。

2.亲近自然又增强体力

孩子们在细雨中亲近竹林，翠绿的山林，叮咚的泉水，一个清纯的世界荡涤着孩子们的身心。在这个过程中，开拓了孩子们的内在潜力，全方位地调动了孩子们的内在力量。同时，登山、挖坑、伐竹也强健了孩子们的体魄，增强了肢体的力量，提高了肢体的灵活性和协调性。

优美的环境让他们心情舒畅，同时，与自然亲密的接触，更让孩子们体验到了自然的魅力与亲和力。孩子就是大自然中的一分子，自然环境中回荡着孩子们的欢笑声，是教育的理想环境，对于现在远离自然、过多迷恋于高科技产品而内心缺乏自然中给予的纯朴率真滋养的孩子们来讲尤其可贵。在自然中，孩子的生命空间变得广阔，潜在的能力得以发挥。

3.感恩大自然

美是所有人都需要的，亲近自然，是孩子们最向往和渴望的事情。人与自然本身就应该是融为一体的。走进自然，聆听自然，触摸自然，能够使孩子在与自然亲密交流的过程中逐渐掌握思考与发现的"武器"，积极而快乐地去认识科学真理。在这样的教育中成长的孩子，更容易蜕变为会观察、会思考、会探索的人，使心灵变得更高尚，使意志变得更坚强。

建立秘密军事基地不是为了好玩，而是增添孩子们对大自然的深情。生活在大都市里的孩子，穿行在水泥建筑林中，满耳听到的都是噪音，满眼看到的都是熙熙攘攘的人群，呼吸的是有毒的工业或交通废气。于是，孩子们来到山上，头顶蓝天，脚踏绿地，手握青翠的竹竿，呼吸新鲜的空气，感受美丽的自然景观。

孩子们不仅学到许多知识，更重要的是对大自然的"感恩"之情油然而生。

4.磨砺意志与开阔胸怀

当孩子一锹一锹地挖开泥土，一下一下地锯倒竹子时，孩子们感到无比的兴奋、快乐和满足。汗水和着雨水滴落在泥土上，泥土沾到了脸上，看着彼此小花猫一样的脸又给孩子们带来无限的乐趣。

建立秘密军事基地让孩子们感受到独特的乐趣。自然景象丰富了孩子的视觉、听觉，甚至是嗅觉，让孩子的感官得到充分的满足。这既是人对自然的挑战，也是对自我的挑战。当孩子们躲在基地中，享受到了回归自然的喜悦，而这种感觉，是纯洁心灵的一剂良药。不仅能使孩子们的身心受益，在性情的陶冶上也有很大的裨益。

建立秘密军事基地，孩子们从中得到无穷的乐趣与巨大的满足，他们丰富的想象力和创造力在其中恣意驰骋。孩子们不仅开阔了眼界，认识了许多外界的事物，同时还能从中发展语言表达能力，培养孩子的探索精神、规则意识，获得成就感，从而树立自信心。

读者点评

读者点评1

让孩子们在浓浓的趣味里提高动手能力，认识和感受集体的力量以及自己在集体中应该承担的责任，这样的活动太有意义了。这样的活动真诚而善意地帮助孩子完成知识的丰富和内心的丰盈。

读者点评2

这次组织的活动，是素质教育的一个很好典范，提高了孩子诸多方面的实际能力，这些能力对孩子以后适应社会生活有很大帮助。组织孩子们搞这样的活动，提高了孩子们的动手能力，也培养了既有分工又有合作的团队精神。

亲亲猫咪宝贝

傍晚，妮妮老师在去小智家的路上，远远地就看见小智和三个小朋友站在路口与过往行人交谈着，小智的手中还端着一个盆子。

妮妮老师加快了脚步，走近一看，盆子里竟然装着四只小猫。那是刚出生不久的小猫，眼睛还没有完全睁开，全身的毛还湿漉漉的，看一眼，怜爱之心油然而生。

妮妮老师问小智："猫咪宝贝是从哪里来的？"

小朋友们七嘴八舌地说："有一个大叔将猫咪宝贝扔到了垃圾箱旁。我们觉得猫咪宝贝太可怜了，就给它们买了个盆子，把它们保护起来。我们正在给猫咪宝贝找领养的主人呢。都找了两个多小时了，也没人收留可爱的猫咪宝贝。"

妮妮老师抚摸了每一个孩子的头，蹲下身子，握了握每一个孩子的手，说："你们做得很好，真的很棒。"

孩子们望着妮妮老师，一下子有了主心骨，脸上的表情也明朗欢快起来。

"你们先等一下，我去给猫咪宝贝买瓶牛奶。"妮妮老师说。

"是啊，猫咪宝贝一定很饿了，妮妮老师快点回来。"孩子们异口同声地说。

不一会儿，妮妮老师买回了牛奶。

四个孩子一人抱一只小猫，巴掌大的小生灵，用小爪挠着孩子们的小手，不停地"喵呜喵呜"撒娇似的叫着。孩子们用勺喂小猫咪喝奶。可是小猫太小，无论孩子们怎样努力，猫咪宝贝一口奶也没喝下去。孩子们急得眼泪都要流出来了。

孩子问："妮妮老师，现在我们该怎么办啊？"

"是啊，让我好好想想。"妮妮老师认真地回答着。

突然，妮妮老师眼前一亮，有了好主意。

妮妮老师说："我们送猫咪宝贝去宠物医院寄养，那里有专业的饲养师，猫咪宝贝一定会健康成长的。"

孩子们一听高兴地蹦了起来，齐声说："太好了，太好了。"

晚霞中，夕阳里，妮妮老师和孩子们护送着猫咪宝贝去了宠物医院。

四只猫咪宝贝被寄养到了宠物医院。四个孩子一人认养了一只。

当孩子们依依不舍地离开宠物医院时，猫咪宝贝将两只前爪搭在盆子的边缘，探出头来，"喵呜，喵呜"地叫着。猫咪宝贝的眼里分明流露着不舍。

它们也有感情啊，猫咪宝贝用独特的语言向为其提供庇护的人表示感恩。

孩子们久久地注视着猫咪宝贝，不肯离去，此刻，泪水湿润了每一个人的双眼。

教育分析

1.随时随地的生命热爱教育

实践生命热爱教育是教育的第一步。生命热爱教育包括爱人类、爱自然、爱动物、爱植物，爱一切供养人类生存的事物。保护弱小、体恤生命、尊重生命是教育孩子心灵向善的第一步，也是人性美的出发点。

孩子们自发地保护猫咪宝贝的行为是纯洁心灵的具体表现，是人性最原始的责任感的体现。孩子们自己感知到了猫咪宝贝需要保护，来自猫咪宝贝"喵呜，喵呜"的声声呼唤，牵动着孩子们善良的心。

2.让爱、尊重与责任的美德像花儿一样绽放

生物的生存都是有共生关系的，在一定的环境条件下，共生体是相互联系、共同生活的。爱护动物是人类的一种美德，保护动物是每个人义不容辞的责任。

动物也有多种心理能力，像欲望、记忆、情感等。

动物是人类的参照物，尊重动物就是尊重人类自己。孩子们保护猫咪宝贝的行为，它的意义并不仅仅是保住了四个小生命，更在于在他们自己幼小的心灵里开始有了朦胧的责任的意识。

3.见证成长中的自身力量

孩子们在保护猫咪宝贝的行动中，看到了自己的生命因为关爱另一个弱小的生命而变得无比强大。孩子的自信心得以增强。这样的活动有利于让孩子成长为一个宽厚、温和、文明、善良的人。

孩子们会通过自己认养的猫咪宝贝的健康成长，看到善行的伟大，体会到：爱是会生长的。

4.生命热爱教育离不开长辈的引导

在这次保护猫咪宝贝的行动中，教师起了引导支持的作用，让孩子们完成了保护猫咪宝贝的任务，让他们真正地品尝到了善行所带来的喜悦，这种感觉是刻骨铭心的，是会让孩子受益终身的。教师的正确指导，让这份爱得以升华。

爱有花开

读者点评

读者点评1

虽是小事，但做法很精彩。我们现在的很多所谓"大人的行为"在实行之前总要三思而后行，但像孩子们的这种行为是心底的真诚所散发出来的暗香，如同人不加修饰的美一样，朴实无华却又香气袭人，令人佩服，值得学习。

读者点评2

感动！我也曾经有过当猫奶妈的经历，一次家中两只母猫同一天共生了八只小猫，过了几天，两只母猫分别失踪了，剩下八个可怜的孤儿。这是生灵啊！我每天下班第一件事就是赶快拿针筒给它们喂牛奶，有的爬到我的大腿上，有的爬到我的肩膀上，手忙脚乱呀！就这样一个半月硬将八个孤儿养大送了人。看了这篇文章触景生情，众生都应慈爱，从小做起，从我做起。由衷地敬爱妮妮老师！

滑　雪

新年长假，妮妮老师和小智一家去东北滑雪了。

小智从上幼儿园就开始学习滑雪。今年和往年不同的是，小智已经是一名一年级的孩子了，他要参加"新年儿童滑雪赛"。

一到滑雪场，小智就迫不及待地换上滑雪服，戴上滑雪头盔，穿上滑雪板，等不及开赛，小智就滑起来了。他像只飞翔的小鸟，滑得快极了，积雪发出"沙沙"的响声，滑雪板扬起一路雪花。

对于妮妮老师来说，这是第一次滑雪，她换上滑雪鞋，套进滑雪板，开始滑雪。滑雪板在她的脚下不听使唤。小智见状，赶紧滑过来，耐心地教她如何撑杆，如何拉好架势，如何双膝微屈，滑雪板的上下左右一定要保持平行，两板间的距离与肩膝一样宽；身体前倾一点，手臂自然下垂稍稍前屈，两手握杖自然置于大腿前侧，杖尖置于身后侧下方，前后略呈八字形；起滑时，双臂前屈上扬，然后用力将滑雪杖尖撑于两侧板后地面。

妮妮老师虽然掌握了滑雪要领，可是滑行时还是做不到平衡，一次又一次摔倒在地。有一次，小智伸出手来想拉住老师，结果两人一起翻滚在雪地上，满脸满嘴都是雪。雪入唇即化，沁人心脾。师生两人相互扶持站立起来，眼里闪着幸福的光芒。"妮妮老师，加油！"小智不断鼓励着妮妮老师。妮妮老师在小智的帮助下，越滑越好。

天空，纷纷扬扬地飘洒着如絮的雪花。白色的雪、墨绿色的松、跌宕起伏的山势，带人走进如梦如幻的童话世界。雪很白，晶莹剔透；雪很厚，松松软软。脚下的滑雪板在厚厚的雪上滑动，让人有飞一样的感觉。

这时，广播里开始召唤小选手们各就各位。所有小选手站在起点，他们在同一个赛道里整齐地排成一排，待命出发。

穿着滑雪板的孩子们就像唐老鸭，都有一双超大"鸭蹼"，太可爱了。

小智站在跑道上，胸有成竹地挥舞着雪杖，向观众致意。

发令枪一响，小选手们似离弦的箭飞射出来，一种从未感受到的喜悦洋溢在孩子们的脸上。途中，小智摔倒了，后面的小选手停下来拉起小智继续滑。

每一个滑到终点的小选手都戴上了一枚金牌，每一块金牌都在告诉孩子们：寒冷的冬日，挑战滑雪就是第一。

赛后，小智和其他选手还是不肯离开滑雪场。小智提出要体验高坡俯冲。其他的孩子表示赞同。他们一起在陡峭的雪坡上练习，结果纷纷摔倒在雪地上。摔倒了爬起来，爬起来再摔倒，一次、两次、三次，孩子们终于能够身轻如燕地从山坡上飞下来了。

几个初学的孩子，也勇敢参与。有的想站稳，雪板偏偏东倒西歪；有的想滑动，雪板偏偏又像落地生根了。他们在家长的耐心帮助下，如婴儿学步，在雪地上摇摇摆摆，渐渐能够走几步，可以试着滑行一段距离，又立刻前仰后翻，洒落一地的惊叫与欢笑。

几位欧美的小朋友，也兴奋地加入到小智他们的行列中，欢声笑语中，时时夹杂着流利的英语"Thank you"。

耳边生风，雪中飞人的感觉让孩子们感到自己无比地强大。

清新的世界中，小智和小朋友们在飞翔，一条洁白的路伸向远方……

1.全员金牌鼓舞精神

虽然是一场儿童滑雪比赛，但是组委会只设置了一等奖，表彰了每一个参赛的孩子，鼓舞了他们面对寒冷不屈不挠、团结互助、勇往直前的精神。一块金牌增强了孩子们的自信心。

比赛中，一个孩子跌倒了，另一个孩子扶起他，这是多么感人的场面啊。"友谊第一，比赛第二"的精神在孩子们的心灵中成长着。

2.挑战冰雪收获信心

滑雪，是挑战极限的运动。在这里，孩子们体验到了滑雪的乐趣，感觉到了滑雪的魅力。从蹒跚起步到从容滑行，那种风驰电掣、呼啸而下的速度，那种战胜自我、挑战成功后的快乐无可比拟。孩子们挑战了滑雪，收获了信心。

另外，孩子教妮妮老师滑雪的过程，也是对孩子能力的一种提高。提高了孩子对滑雪运动的认知与理解。

3.让纯洁的心灵亲近自然

孩子是自然的观察者，他们喜欢融入自然、回归自然。孩子们的感官对自然的变化非常敏感，有极强的观察能力和适应能力。覆盖着厚厚白雪的滑雪场给人原始的、清爽的、静谧的感觉，令人心情豁然开朗。踩着富有弹性的雪地，让人有种飘飘然的感觉，周边的一切都是童话般的仙境。滑雪亲近自然，不仅培养了孩子对大自然的热爱，还塑造了纯洁的心灵。培养和提升了孩子对自然的兴趣，是开发孩子自然智能的基础和前提。通过滑雪比赛，孩子的感官对周围雪的世界有了深刻的认知。这种活动有助于自然智能和其他智能相互作用，相互平衡。

4.快乐滑雪提高孩子交际能力

滑雪比赛给孩子提供了交际的平台。不仅孩子活动的天地扩大了，还认识了陌生的朋友。孩子们在沟通与交流中，从对方的表情、说话、手势中认识了陌生人，又在与陌生人的比较之中认识了自己。陌生人逐渐成为亲密的玩伴。孩子们还在娱乐中不断获取新的信息，提升自身的能力，促进自我完善、自我交际能力的提高。

读者点评

读者点评1

滑雪可以给孩子带来浪漫的想象。孩子被自然地牵引，带着平静和悠闲，享受着"雪上飞"的乐趣。在滑雪中孩子发现生活、发现自我，从运动中体验到回归自然的感觉。

读者点评2

滑雪是孩子喜爱的运动。在雪场上轻松、愉快地滑行，饱享滑雪运动的无穷乐趣。滑雪具有惊险、优美、自如、动感强、魅力大的特点。滑雪就会摔跤，摔跤就要爬起来。让孩子提前体会挫折，生成经受挫折后要勇敢地站起来的勇气。学会自己勇敢面对，重新安静下来，重新认真地去做该做的事。

读者点评3

滑雪速度快、运动量大，能增强肺活量，并能让腿部肌肉得到充分的有氧锻炼，强身健体。滑雪是一种对平衡性要求极高的运动，还能提高孩子的心理素质和应变能力。

第六章
多元文化

2012年10月22日至11月1日，妮妮老师做了为期十天的接待德国小朋友的志愿者，主要任务是为一名德国小朋友提供住宿与他交流中国文化。这名德国小朋友的名字叫汤姆斯。在这十天里，妮妮老师把小智也接到家里与汤姆斯同住，一起交流中德文化。同时，让小智也做一名小志愿者，在孩子幼小的心灵中植入志愿者的概念，让孩子从小把助人作为一种生活的习惯。

志愿者，Volunteer，联合国将其定义为"不以利益、金钱、扬名为目的，而是为了近邻乃至世界进行贡献活动者"，指在不为任何物质报酬的情况下，能够主动承担社会责任而不关心报酬、奉献个人的时间及精神的人。

这次国际志愿者活动是代表中国传递爱心、传递友谊、传递中华文化的。活动也给孩子创造了一个真实的语言学习环境。和普通的外国人生活在一起，同吃同住，提升了孩子的英语表达能力。在一个全方位的英语环境中，使孩子深刻了解多元文化的内涵，培养孩子具有国际视野及团体合作的精神。另外，也只有和普通的外国人共同的生活，才能真正了解他们国家文化的内涵。文化是一个抽象的概念，它出现在书本上，表现为不同的文化形态；文化又更是具体的、形象的、直观的，它表现在日常的生活中。这次的国际志愿者活动就是把抽象的文化转化为具体文化的过程，比如在包饺子的活动中具体、生动、形象地传递了中国的食文化；在夜游上海滩时，给孩子一次视觉的盛宴，在富丽华贵的视觉冲击中，让孩子感受到一个现代化的、亮丽的中国。

通过丰富多彩的交流活动，引导孩子积极参与社会实践，了解中国，感知中国博大精深的文化，培养动手能力和创新能力，陶冶情操，修养品格。

爱是无声的语言，在帮助那些需要帮助的人时，心理也会更加平衡和充满人情味；当孩子在生动的实践中受到磨砺和锻炼，受到潜移默化的教育时，不知不觉也加强了他们对国家的了解、对国家的热爱，学到许多在书本上学不到的知识，提高人际沟通能力，提高社交技巧。阅读本章，您将感悟到：

志愿者活动为孩子的人生增添了一笔无形的财富，增长孩子的阅历和见识，培养孩子全球化角度的思维习惯；留给孩子一份终生难忘的记忆，让孩子充分感受生命是没有国籍的，你和我同住地球村的欢乐与友爱。

做　风　筝

今天，妮妮老师和小智参加了与德国小朋友一起做风筝的活动。参加活动的共有十六个孩子，其中八个中国孩子，八个德国孩子，分四组，每组两个中国孩子和两个德国孩子。四个孩子围坐一张桌子，每张桌子有一位助理老师。

指导做风筝的是一位老爷爷。老爷爷绘声绘色地讲解着。孩子们听得津津有味。中德的孩子还时不时交流着各自的意见。

首先，老爷爷讲："风筝起源于中国，最早的风筝是由古代哲学家墨翟制造的。风筝诞生后，就被当时的人们用于军事活动。主要是利用风筝测量距离、传递信息、载人。"

接着，老爷爷又问："在很久很久以前，有一伙人想要夺取政权，想挖地道至某一个宫殿。可是要挖多长成了一个难题。小朋友们想一想用什么方法可以测量出到宫殿的距离？"

德国小朋友异口同声地回答说："风筝！风筝！"

小智及其他中国小朋友也不示弱大声地回答说："风筝！风筝！"

老爷爷听了大家的回答乐得合不拢嘴，频频点头说："对，回答正确。"

老爷爷继续讲："当时，有个叫韩信的人派人做了一只风筝。这只风筝是用丝绸做的板子式风筝（即平面形风筝），形状像一只蝴蝶。这只蝴蝶飞呀飞，飞到宫殿上空的时候，大概的距离也就测出来了。"

"哇，古代人真聪明，风筝还能做间谍。"小智感叹地说。

汤姆斯也忍不住地说："真伟大！没想到风筝也是隐形间谍。"

接着老爷爷又提问："谁知道风筝的故乡在哪里？"

小朋友们面面相觑，抓耳挠腮，教室里一下子安静下来。

这时候妮妮老师举手回答："是山东省潍坊市。"

老爷爷连连点头说："小朋友们给妮妮老师一点掌声。"

妮妮老师像个孩子一样，一下子羞红了脸。

老爷爷继续讲："风筝按形状又可以分为六大类，即串式、桶式、板子、硬翅、软翅和自由类。"

老爷爷讲完中国风筝的历史、风筝的典故、风筝的故乡、风筝的种类后，大家就开始做风筝了。

今天，大家做的是最普通的纸风筝。普通风筝的做法一般是用有韧性的竹片做风筝的骨架，用纸做面。大家领取的材料有：厚度2毫米左右、长80厘米的竹篾，A4纸两张，线（包括放风筝的线），胶水，剪刀，双面胶，透明胶，十二色水彩笔一套。

领到材料后，大家就迫不及待地模仿老爷爷做起了风筝。

首先，制作风筝的尾巴。尾巴是将A4纸裁成八条宽2厘米的纸条，每四条粘成一个长条，共两条备用。

老爷爷说："不能小看风筝的尾巴，风筝的平衡就靠它了，当风筝乘风而上之时，如果一侧较重，风筝就会偏向这方，而尾巴比较长，就会有一个重量令风筝头部微微抬起，使整只风筝受风，平衡了倾斜的一侧。"

长长的尾巴一做好，就有德国小朋友按捺不住舞起了尾巴。还有德国小朋友发现自己做的尾巴不一样长时，左右看看，悄悄地将长出的部分剪掉了。

中国的小朋友们都按照老爷爷的要求做了风筝的尾巴，做好后，坐在位子上等待着下一步的指令。

粘尾巴虽然是一件简单的事情，但一定要粘牢，否则风筝一上天尾巴就会飞走了，风筝也会因此而坠落。妮妮老师巡回在每一张工作台之间，耐心地提醒小朋友们要认真仔细地粘贴。中国的小朋友也主动帮助德国小朋友检查尾巴有没有粘牢。

风筝的尾巴做好以后，接下来就是糊风筝。

将A4纸裁剪成一个正方形，然后制作骨架。将竹条截成长度为正方形对角线的长度，再将剩余的竹条做成直径为对角线长度的半圆形，被弯成半圆形的竹篾的两头用线系紧。然后将之前截下的一段竹篾穿到半圆形竹篾中间，组合成一副弓箭的形状，并用线固定好。风筝制作的灵魂在于骨架，一只好风筝的骨架得硬且轻，硬——有助于抵御高空的风力，轻——有助于在风力较小时的放飞。

骨架做好后，小智和汤姆斯果然把它当成了古代的弓箭，开始对着墙射起来。没射几下，汤姆斯的骨架的半圆形部分就断了。

汤姆斯不知所措地望着自己的"断弓"，坐在座位上一声也不响了。其他德国小朋友见状，赶紧跑过来给断弓拍照。

这时候妮妮老师走上了讲台对大家说："弓箭是武器，可以指向天空，但弓箭有杀伤力，小朋友们不能用骨架射击，这样很危险，一不小心会伤到别人的。另外，骨架是风筝的躯体，小朋友们说我们应不应该保护好骨架啊？"

"应该！"大家大声地说。

过了一会，汤姆斯走到老爷爷面前，怯生生地说："我可以再领一根竹篾吗？"

老爷爷说："好的。"

汤姆斯红着脸回到了座位上，又做了一副新的骨架。

小智看见汤姆斯的骨架夭折之后，安静地回到座位上继续做风筝。

将骨架置于正方形纸上，然后用透明胶牢牢粘好，再粘上两条长长的尾巴。这样，风筝的雏形就完成了。

接下来，大家自由地在风筝的表面画上自己喜欢的图画。大部分的德国小朋友都在风筝上写上了"2012年"、"中国"的字样。

有的德国小朋友想画五星红旗，就有中国小朋友在手机上搜索出五星红旗的图样。德国小朋友画，中国小朋友帮助涂上色彩。

剩下的就是些后续工作了，虽然是后续工作，但是一点也不能马虎，用大头针穿上几股棉线，在风筝骨架的两肩系上约40厘米的长线，又在下部系上约50厘米的线绳，三线合一，系在一起。然后在三线合一的地方紧紧地打了个结，又将一筒风筝线系在这个位置，大功告成了。孩子们兴奋得叫了起来，纷纷拿起自己的风筝，在教室里小小地跑一圈。小智做了一个"中国龙"图案的风筝，汤姆斯做了一个中德两国国旗图案的风筝。

老爷爷见孩子们已经按捺不住想去放风筝，就说："让我们一起去操场放风筝吧。"

听到老爷爷的指令，孩子们手中的风筝似乎也感觉到了喜悦，不停地抖动，一副迫不及待想要飞翔的样子。

秋季的天空，万里蓝天，微风徐徐。

小智和汤姆斯迎着风，小跑几下，抖动着手中的风筝线，风筝就被放上了天空。借着风，风筝在空中翩翩起舞。

"中国龙"和"中德国旗"在五颜六色的风筝里穿梭，它们保持着低空飞行，以免与别的风筝相撞。但是，意想不到的事情发生了，汤姆斯的风筝和另外一只飞得很高的风筝的线缠在了一起，汤姆斯用力一拽，风筝一头栽了下来，幸好落在草坪上，妮妮老师赶紧跑过去，拾起风筝。汤姆斯两眼泪汪汪地看着自己受伤的风筝。小智也赶紧收起自己的风筝，帮助汤姆斯重振旗鼓。本来汤姆斯有点泄气，看见了小智的热情，黯淡的目光开始明亮起来，又渐渐地充满了喜悦。

小智和汤姆斯互相切磋着，总结出一个放风筝的技巧——抽一放法：就是风力大的时候可以多放线，风小的时候，就收一些线。这样风筝就会像蝴蝶一样微微扇动翅膀，平稳飞行。

放了一会儿风筝，汤姆斯牵着风筝跑到老爷爷那里问："风筝是怎么飞上天空的呢？"

老爷爷介绍说："其实，是气流驭着风筝飞翔，上方气流为气团，能让风筝上方的气流保持平稳，使风筝上升。下方气流被风筝分成两半，变成'V'字形，这两半气流分别支撑左右翅膀，也就相当于把风筝托了起来。风筝的分量很轻，上下两股气流足以把风筝送上蓝天。而风筝获得流动空气是靠自然风或者人的跑动。"

"气流和风看不见，摸不着，但是这么有力量。生活中的奥秘真多，需要我们去探索。"汤姆斯对老爷爷说。

"另外，在风很小的时候，要牵着风筝线迎风奔跑，或站在原地不断地拉动风筝线，利用勒线来调整风筝面倾斜的角度，这都是为了增大空气对风筝的浮力，使风筝飞得更高。"老爷爷说。

"谢谢您让我知道这么多放风筝的知识，我很幸运。"汤姆斯对老爷爷说。

"我最喜欢爱提问的孩子。"老爷爷抚摸着汤姆斯的头说。

汤姆斯告别了老爷爷，牵着画有中德国旗的风筝奔跑在操场上……

 教育分析

1.通过做风筝让中外小朋友了解与体验了中国文化

通过做风筝，孩子们了解了风筝的历史与文化。这次活动实现了中外小朋友直接与中国文化、与知识的对话，让中国的孩子感到自己祖国文化的博大精深，并为自己的祖国而骄傲自豪，爱国之心油然而生。

2.在游戏中综合运用各领域知识

风筝是中国古老的民间玩具，也是世界上最早的一项航天科技作品。放风筝是一项有利于身心发展的户外体育运动。也是一项运用数学、物理、美工知识进

行动手、动脑的科技活动。

一张普通的A4纸、一根竹篾，通过孩子们的制作，这些普通的东西飞向了蓝天。在飞翔中，孩子们开始了感动，开始了疑问。在探索中，孩子们知道了简单的风筝中蕴含着丰富的文化和知识。

3.在身心愉悦的过程中丰富感受

制作一只漂亮、灵巧、别致的风筝也是一种创造。每一个孩子都有自己的个性，尤其是不同国家、有不同文化背景的孩子，虽然这次做的风筝的大小、形状基本一致，但是不同的是画在风筝上的图画，让每一只风筝变得独一无二。比如小智的风筝是"中国龙"的图案，汤姆斯的风筝上是中德国旗的图案。"中国龙"的风筝表现了中国孩子潜意识中的归属感、荣誉感；中德国旗的风筝表现了德国孩子在中国感受到的中德友谊。

当孩子们眺望自己的作品摇曳在万里晴空时，专注、欣慰、恬静，这种精神状态有利于身心的健康。双目凝视于蓝天白云之上的纸鸢，不仅开阔了心胸，还纯洁了心灵。

在大自然中放风筝是最好的日光浴、空气浴。跑跑停停的肢体运动可增强心肺功能，促进新陈代谢，增强体质。此外，中德孩子一起放风筝，不同的语言，一样的欢乐，一样的感动，愉悦了精神，增进了中德少年儿童之间的友谊。

4.培养合作探索的学习态度

在放风筝的时候，孩子突然有了疑问：为什么风筝会飞？这正是这次活动的目的所在：促进教育的开放性，让孩子自己去发现问题、解决问题，增强孩子学习的主动性。

当汤姆斯的风筝坠落后，小智及时地伸出援助之手，让汤姆斯得以重振旗鼓。两人在切磋中又总结出放风筝的正确方法。

这次活动让孩子们获得相应的情感体验，感受到友谊的温暖和力量，体验到劳动的喜悦，实现了"知识与技能"、"过程与方法"、"情感、态度、价值观"三维目标有机结合的设计思想。

读者点评

读者点评1

风筝是中国传统文化的代表之一。千百年来备受中国人民的喜爱。现在的风筝花样很多，还有夜间会发光的风筝呢。让孩子亲手制作风筝的活动非常好，能让德国小朋友和中国小朋友对风筝有深刻的认识。另外，在放风筝的过程中，小朋友们对风筝为什么会飞又产生了探究之心。教育无处不在，教育就在点点滴滴之中啊。

读者点评2

我和孩子都喜欢放风筝。节假日，天好的时候，我都会带孩子去公园放风筝。但我不知道风筝的历史，今天，阅读此文真是长见识了，原来风筝还可以做侦察的工具啊。做风筝不仅传播了中国的文化还愉悦了孩子们的心情。

夜游上海滩

晚饭后，妮妮老师说要去游上海滩。小智和汤姆斯一听，喜笑颜开。一行三人乘出租车去了东方明珠。一路上，汤姆斯兴奋地说："登上东方明珠是我的愿望，也是我爸爸妈妈的愿望。"

"你们怎么知道上海有东方明珠呢？"小智问。

"在电视里看到的。"汤姆斯说。

"东方明珠塔高468米，是亚洲第一、世界第三的高塔。东方明珠塔里还有太空舱呢。"妮妮老师说。

"咦，还有太空舱？我想上。"两个孩子不约而同地说。

"东方明珠塔于1991年7月30日开工，1994年10月1日建成，仅仅用了三年多的时间，就建成了。"妮妮老师说。

"这么快就修建了这么高大的电视塔，中国人了不起！"汤姆斯羡慕地说。

"嗯，真的了不起！"小智骄傲地说。

不一会儿，出租车停在了东方明珠下。东方明珠与外滩万国建筑群隔江相望，同陆家嘴金茂大厦、环球金融中心等现代化摩天大厦交相辉映，十分壮观。

东方明珠像一个顶天立地的巨人。它的底部有四根高大的立柱，叫塔座，往上是一个最大的圆球，叫下球体；再往上是一个小一点的圆球，叫上球体；最小的便是塔顶上的太空舱了。

汤姆斯仰视着东方明珠说："哇，好高啊。"

小智也感叹地说："好漂亮啊。"

"东方明珠是上海的象征，是中国的象征。"妮妮老师说。

孩子们牵着妮妮老师的手，一路小跑奔向了东方明珠。她们很快登上了电梯。电梯以每秒七米的速度上升，这时，屏幕显示：10米……25米……98米……263米，他们以惊人的速度"飞"到观光大厅。他们依次出了电梯，那一刻的感觉真是很奇妙，刚刚还在地面上，一转眼就高高在上，如入空中楼阁。

汤姆斯不停地说："Very good，太棒了。"

喜悦洋溢在孩子们的脸上，今天，汤姆斯终于登上了这座中外闻名的东方明珠，他兴高采烈地跑到临窗位置，用心地观赏眼前的一切。

观光大厅四周都是用透明玻璃封闭的，面积大，整个空间可以容纳好几千人。站在窗口，可以看到外滩全景。

观赏完观光大厅后，妮妮老师带着孩子们又上了350米高的太空舱。

站在太空舱里，俯瞰上海，浦江两岸尽收眼底：五彩缤纷的"水泥林"，纵横交错的街道。此时，可以充分领略到"欲穷千里目，更上一层楼"的意境。

在太空舱游览一圈后，乘电梯下降到259米高的悬空观光廊。在这里人们可透过脚下透明的玻璃俯视下面的风景，体验云中漫步的感觉。

汤姆斯和小智一开始不敢跨前一步，只是探身从玻璃向下望上一眼。

在妮妮老师的鼓励下，平时调皮的小智战战兢兢地走上观光玻璃，紧闭双眼。妮妮老师还在鼓励他："睁开眼睛看看，证明你多勇敢。"

小智和汤姆斯手牵手，深深地吸了一口气，壮着胆子，小心翼翼地一步一步走了上去，不免有点胆怯，心惊肉跳，腿脚发软。

小智鼓起勇气睁开双眼往脚下一看，顿时打了个冷颤，马上又跑了回去，太可怕了。经过几次闭着眼睛的锻炼，两个孩子终于大摇大摆地走了上去。"哇，我们成了超人了，我们的大脚丫踩住了一个城市。"两个孩子欢呼着。

从东方明珠下来后，妮妮老师他们又登上了外滩隧道观光车。

外滩观光隧道地处上海的钻石地段，浦西出入口位于外滩陈毅广场北侧，濒临黄浦江。浦东出入口位于东方明珠电视塔南侧，面对国际会议中心。它是我国第一条越江行人隧道，于2000年建成，隧道内径为6.76米，全长646.7米，采用全自动、无人驾驶、牵引式封闭车厢输送游客，整个过江时间在3～5分钟。

观光车是环保型的SK车厢，银白色、全透明的车厢视野开阔。小智和汤姆斯坐在车厢里的第一个位置上，是欣赏隧道内壁奇观的绝佳位置。

观光车启动后，一条具有无限神秘感而又富有刺激性的时空隧道慢慢进入视野。小智说："这车厢好像是哆啦A梦的口袋，我们在穿越时空。"

"是啊，我也有这种感觉。"妮妮老师说。

汤姆斯瞪大眼睛不停地拍照，他已经顾不上说话了。

整个隧道空间采用了LED电子屏、激光、光纤、电脑灯等各种高科技手段的动感组合，还配有相应的动感音乐，人就仿佛进入了深邃的海底，光波飞速倒退与扩散，光纤闪亮变幻，化作一个又一个绚丽的漩涡，那种超时空的气氛刺激着观光者的每一根神经，让人不禁要自问：此时是在人间？

车厢里的每一个人都被眼前的风景震撼了，大家手中的相机不停地咔嚓咔嚓地记录着这神奇的景象。

眨眼之间，他们就从黄浦江底下穿越到了浦西外滩陈毅广场前。走出地下通道，江风拂面，上海的味道夹杂着时尚感扑面而来。

汤姆斯拿着相机，不停地按快门，恨不得把整个上海都浓缩在记忆卡上，带回德国。

汤姆斯说："太神奇了，我好像也成了哆啦A梦，可以穿越时空隧道了。"

小智说："我好像是孙悟空，一个跟头就翻过了黄浦江。"

妮妮老师说："人类太有智慧了，可以在江底铺设隧道。"

小智赶紧问汤姆斯："德国有这样的隧道吗？"

汤姆斯沉思了一会说："我没看见过，不知道有没有。"

"哦。"小智说。

浦西的外滩与浦东的滨江大道有截然不同的风格。汤姆斯说："这里的建筑好像都是用大块石头堆积起来的古典的城堡，好有气势啊。"

小智也说："嗯，我觉得这些城堡，在灯光下好像童话故事里的水晶宫。"

"是啊，这是一道巍峨壮观的建筑风景线，被誉为凝固的音乐，有着万国建筑博览会之称。"妮妮老师说。

站在浦西外滩的长堤上，再看江对岸的东方明珠，别有一番感慨。刚刚还在东方明珠的太空舱里，转眼间已经站在了江对岸。瞬间时空的变化，让人感到人类的智慧与伟大。

夜晚的黄浦江畔，江中的游轮霓虹，对面的明珠电视塔，岸边的游客朋友，遥相呼应。

汤姆斯情不自禁地说："这好像是一幅美丽的画。"

"确实，风景如画，人行画中。"妮妮老师说。

"嗯，画的名字就叫'城市，让生活更美好'吧。"小智说。

"太有创意了，这个名字好。"妮妮老师赞叹地说。

南京路与外滩相连。三人漫步在外滩长廊上，不知不觉走到了南京东路。

南京路的两边，有着经典海派风格，使得步行街的整体建筑风格变得更具现代感，但又不失古典美，这就是时尚之都——上海。

在南京东路上，他们走进了和平饭店。在萨克斯吹奏的《茉莉花》的旋律中，孩子们喝着果汁，品味着上海的味道……

走出和平饭店，远处传来了《东方红》的报时钟声。孩子们好奇地循声而去，一座高大的建筑立刻矗立在孩子们的眼前，抬头一望，建筑物的顶端有座古老的大钟，一种古色古香的韵味，在心头弥漫开来。

夜游上海滩给今夜的梦点上了五彩的灯光，也许今夜梦中的汤姆斯还会喊出"Very good"。

 教育分析

1.夜游上海滩品尝视觉盛宴

夜晚会更平和、真实，甚至更美丽。变幻的空间在无声无息中转换，灯光璀璨的夜上海，美丽得更令人沉醉。夜游上海滩是一次无与伦比的视觉盛宴。

不仅让德国小朋友了解中国、了解上海，促进了交流，增进了友谊，还让德国小朋友看到一个不一样的中国，上海向德国小朋友展示了外来文化与本土文化的有机结合。外滩，上海的长廊；上海，中国的窗口。

2.夜游上海滩感受中国人民的智慧

东方明珠世界瞩目。建设东方明珠，只用了三年的时间；穿越外滩隧道，只用了5分钟的时间。孩子们通过亲身的体验，感受到中国是一个伟大的地方，中国人民勤劳、智慧、勇敢。

读者点评

读者点评1

跟随着作者的文字，如入其境，我也夜游了一次上海滩。我没有去过上海，但是我已经感受到了上海的魅力了。夜晚的上海，给人们呈上了华丽的视觉盛宴。孩子的心灵一定受到了震撼，这是一种美的享受。谢谢！

读者点评2

上海是个有故事的地方。夜游上海滩，感受上海的诗情画意，感受上海古老的故事，不仅传递了中国文化，更陶冶了情操，增强了民族的自豪感。

包 饺 子

星期天，妮妮老师邀请小智和汤姆斯一起包饺子。

今天，小智和汤姆斯是包饺子的主力。

一大早，妮妮老师就拿着采购计划，带着两个孩子一起去超市采购食材。

到了超市，妮妮老师就将采购的任务交给了孩子们，她的目光远远地守候着他们。

小智牵着汤姆斯的手，按照妮妮老师的采购计划，在超市里寻找着食材。找不到时，小智就问营业员。不一会儿，小智和汤姆斯就买好了食材：500克肉糜、500克芹菜、一个洋葱、1000克面粉。

两个孩子抬着装满食材的口袋，向妮妮老师走来，涨得红红的笑脸乐开了花。

回到妮妮老师家里，在妮妮老师的指导下，小智和汤姆斯开始加工材料。首先，将芹菜的根切去，洋葱的皮剥去。孩子们将洗净的芹菜交给妮妮老师，妮妮老师又将芹菜用开水焯好。

汤姆斯第一次拿起中国式的大菜刀切芹菜。他很紧张，其实，守候在一旁的妮妮老师更紧张。

小智见汤姆斯切菜，也强烈要求切菜。两个孩子手握中国式的大菜刀"咚咚咚"欢快地切起来。

切洋葱时，两个孩子对着流眼泪，一边流还一边嬉笑。妮妮老师还出了一个谜语让汤姆斯猜："远处来了一群鹅，扑通扑通跳进河。"汤姆斯是丈二和尚摸不到头脑，蓝色的眼睛忽闪忽闪地眨着，看看妮妮老师，看看小智，然后耸耸肩，表示不知道。

妮妮老师笑着告诉汤姆斯，谜底是饺子。

汤姆斯无法把大白鹅和饺子联系到一起，又摇头又摆手地说："不，不。"

接下来就要学做饺子馅儿了，妮妮老师让他们把剁好的芹菜、洋葱和肉糜放在盆里，加上花生油搅一搅，然后把酱油、盐拌入，最后按照顺时针的方向搅拌均匀，就这样，饺子馅儿做好了。

做好的饺子馅已经散发出诱人的香味。汤姆斯按捺不住诱惑，用手沾了一下饺子馅，然后用舌头舔了舔。

小智见状赶紧阻止说："不可以吃生的饺子馅啊，会拉肚子的。"

汤姆斯对着小智一挤眼，说了声"嘘"！

包饺子，和面是一道重要的工序，面不能和硬也不能和软。

妮妮老师告诉汤姆斯和小智，先把面粉放入盆里，加上适量的温水揉好。小智负责注水，汤姆斯负责揉面粉。

汤姆斯用手一搅面粉，刚往里加了一点水，面粉就粘得满手白白的，这边是湿漉漉的，那边还有干干的面粉，妮妮老师说，一边加水，一边搅，一边揉。汤姆斯用力地揉，汗都揉出来了，还是没把面揉好。妮妮老师在旁边鼓励他说："手上少蘸点水，用双手努力翻揉。"说来也怪，那些面疙瘩在他不断努力的翻揉下，手上和盆边的面粉都凝聚成了一块。妮妮老师说要把它分成四小块。

妮妮老师教汤姆斯和小智将大拇指伸进面团的中间，做成一个圆圈然后再揉成一个长长的条状。放在面板上，揪成一个个小汤圆似的面剂子，妮妮老师揪得非常熟练，都能听到面断开时清脆的响声。下一步就是把面剂擀成面皮，妮妮老师教他们把面剂子按扁，擀成圆圆的面皮。妮妮老师想出一个简单的做饺子皮的方法：用擀面杖，上下擀五下，左右擀五下。

小智和汤姆斯一下子就学会了擀皮子。他们看着自己的成果，嘴都乐弯了。

妮妮老师示范拿起面皮，将馅放在皮当中，中间一捏，接着从左下角往中间捏，再从右下角往中间捏，最后，双手合拢一捏，一个金元宝似的饺子就做成了。

汤姆斯认真地听着妮妮老师的讲解，仔细观察妮妮老师的每一个动作。他突然说："这饺子像月亮。"

妮妮老师呵呵地笑了："太对了，中国的饺子传统的形状就是弯月形的。这种形状包制时，要把面皮对折后，用拇指和食指沿半圆形边缘捏制而成，要捏细捏匀，这叫'捏福'。有的人家，把饺子包成元宝形，象征着财富遍地，金银满屋。也有的农家，将饺子捏上麦穗形花纹，象征着五谷丰登。"

小智和汤姆斯都听入神了。汤姆斯说："中国的饺子太神奇了，有这么多内容。"

小智抿嘴一笑对汤姆斯说："我们中国好吧？饺子里都有那么多学问。"

妮妮老师又说："饺子对中国人来说不仅是美味的食物，更是中国食文化的代表。饺子源于古代的角子，原名'娇耳'，又称'水饺'，是医圣张仲景首先发明的，有一千八百多年的历史。有一句民谣叫'大寒小寒，吃饺子过年'。"

"饺子的年纪也这么大了？"汤姆斯羡慕地说。

两个孩子着急地动手包起来，汤姆斯的馅放多了，一下子就撑破皮了。

小智以为自己包得好，举起自己的饺子一显摆，谁知面皮也破了一个小洞，馅儿也探出了头。汤姆斯见状笑得前仰后合。

小智红着脸说："看来包饺子也不容易啊!"

妮妮老师好像看透了他们的心思，用信任的目光看着他们说："没关系，一个包不好再接着包，慢慢地多包几个就学会了。"

小智和汤姆斯在妮妮老师的的言传身教下，经过不懈的努力，终于包出了"弯弯的月亮"。

妮妮老师烧了半锅水，水沸腾后，往水里加一点盐，然后才把包好的饺子一一放进锅里，用手中的勺子推动锅中的饺子，然后盖好盖子煮开。水沸腾后，加入半碗冷水，如此再重复两次，饺子浮起后，再煮两分钟，就可以食用了。

汤姆斯站在灶台前，看着翻滚的饺子突然说："远处来了一群鹅，扑通扑通跳下河。"

大家一听，都开心地笑了。

看来他真的明白了这个谜语的意思。

热腾腾的饺子出锅了，大家围坐在一起，吃着香喷喷的饺子。

汤姆斯一边吃一边说："中国人了不起，把馅儿捏到面里，做成'弯弯的月亮'，水中的月亮还能捞出来，吃到肚子里，这也太聪明了。"

"咦，吃月亮？这种说法太棒了！"小智说。

妮妮老师听着两个孩子的对话，开心地笑了。

大家围坐在一起吃饺子，那份欢乐也就随着香味弥漫开来。

教育分析

1.包饺子让孩子感到幸福的味道

包饺子是一种温馨，吃饺子是一种美味，捏饺子是一种幸福。大家坐在一起，分工合作，说说笑笑，在一片快乐的氛围中，包着饺子，那些饺子就真的不仅仅是一种食物，更是精美的艺术品，因为那里还有幸福的味道，有快乐的味道。

2.包饺子让孩子体会中国的食文化

饺子不仅是美味的食物，更是中国食文化的代表。很多外国人常常纳闷那些美味的饺子馅是怎样进入皮子当中的。小智和汤姆斯通过亲身参与采购材料、加工食材、品尝饺子的全过程，全身心地感受到了中国食文化的精髓。在汤姆斯看来，饺子是个弯弯的月亮，中国人会把月亮放在水里煮，还会把月亮捞上来吃。这让汤姆斯感到中国人充满智慧，真的了不起。小智在汤姆斯的举止言谈中更加感受到了自己祖国的伟大。

3.包饺子让孩子感受友谊的温暖

包饺子是一个集体合作的过程。购物时，两个孩子就开始抬着食材。接着，小智注水、汤姆斯和面、妮妮老师煮饺子等等，都体现了一种紧密合作的关系。相互交流、相互合作，增进中德小朋友的友谊。

读者点评

读者点评1

每一种文化都有自己独特的内涵，不管是中国人还是外国人，亲自动手，亲身体会到成功的乐趣，这样才会鼓舞孩子勇往直前，不怕失败的打击，这样才是最好的教育。

通过包饺子，孩子们全身心地体验着中国文化的"美味"。对于中德的孩子来说，这不仅是一种文化的体验，更是一种学习。通过包饺子学习到了合作的精神，通过包饺子提高了自己的社会实践能力，通过包饺子掌握了做事的先后顺序……

现在的教育只会瞄着那个固定的方式，只想让孩子成龙成凤，把考上名牌大学作为孩子的奋斗目标。小小的孩子就陷入了沉重的学习中。据调查，有的6岁的孩子就有4个小时的作业。孩子的世界只有读书，孩子没有孩子的生活。

为什么不能让孩子的童年有一份天真、一份自由呢？学校放学了还有补课班，没完没了的学习绑架了孩子。我这样说着，我却那样地做着，这就是我的悲哀，就是我的失败……

读者点评2

包饺子是中国人在春节时特有的民俗传统，特别是北方居民。饺子是一种历史悠久的民间食品，有一句话叫"好吃不过饺子"。每逢新春佳节，一家人围坐在一起吃上一顿热腾腾的月亮饺子，已经成为一种应时不可缺少的佳肴。饺子代表的是中国的文化传承，很赞赏妮妮老师的行为，让汤姆斯在中国这短短的时间里，感受到了中国的文化，也教会了孩子勤劳，更让他亲身体会到劳动带给自己的快乐心情。

参观上海犹太难民纪念馆

星期六，妮妮老师带汤姆斯和小智参观了上海犹太难民纪念馆。走在路上，小智问："犹太国在哪里啊？"

妮妮老师一听，愣了一会儿，说："现在，有个以犹太人为主的国家叫以色列。希特勒时代，有很多犹太人定居在德国。"

"那难民是什么意思啊？"小智又问。

"难民是指由于天灾或人祸而生活无着落、流离失所、需要离开原居住地的人。"妮妮老师回答说。

小智马上问："那希特勒是谁啊？"

妮妮老师回答说："1932年，希特勒被选举为德国的总统兼总理。"

"那为什么犹太人要到中国上海来呢？"汤姆斯问。

妮妮老师摇摇头，说："这个问题，自己找答案。等我们参观了上海犹太难民纪念馆，你就会知道了。"

两个孩子脸上的表情开始变得严肃起来。

上海犹太难民纪念馆（原摩西会堂）位于上海市虹口区长阳路62号，由摩西会堂旧址和两个展示厅组成，是"提篮桥历史文化风貌区"的重要组成部分。该馆是纪念"二战"期间犹太难民在上海生活居住历史的主题纪念馆。

上海犹太难民纪念馆展出的是《犹太难民上海情》。展览内容是二十六位上海犹太难民的亲身经历，主人公通过实物、照片及视频资料叙述了他们不同阶段的人生故事，同时体现了他们对上海的眷恋与感激之情。

上海犹太难民纪念馆三号展示厅的内容是以当时在上海避难生活的普通犹太难民为着眼点，通过他们的视角展现真实的历史事件与片段。

两个孩子认真看每一幅图片，阅读每一个故事。孩子们跟随着历史的胶片，走进了那个时代。

纳粹大屠杀是纳粹德国在第二次世界大战中的民族清洗（种族灭绝）。在这次大屠杀中，共有超过六百万犹太人被屠杀。逃出欧洲的犹太人痛苦地发现，畏惧于希特勒淫威之下，几乎整个世界均冷酷地对他们关上了大门，而中国上海这扇门，尚敞开在那里。消息传出，短时间内，世界各地的犹太人逃来上海避难。

上海市虹口区提篮桥一带的舟山路、霍山路、长阳路，在那个纷乱的年代，对那群流离的人们来说，也许称得上是全球最温暖、最宽容的地方。当年就在这里，上海敞开了她宽阔而博爱的怀抱，接纳了1933年至1941年蜂拥而至的近三万欧洲犹太难民。上海，就像一艘狂风恶浪中的诺亚方舟，载着他们的生命与希望。

读着那些犹太难民的故事，孩子们的眼睛红了。小智扑到妮妮老师的怀里哽咽地说："希特勒是个怪兽，是个杀人犯。"

妮妮老师抚摸着小智的头说："是啊，是一个有严重病态心理的政治狂人。"

"妮妮老师，我还是没有明白希特勒为什么要杀犹太人？"汤姆斯问。

妮妮老师把自己在历史资料上查到的原因告诉了汤姆斯和小智。

"是这样啊，我明白了，谢谢妮妮老师。"汤姆斯感谢地说。

"妮妮老师您怎么知道这么多啊？"小智问。

妮妮老师腼腆地说："因为我来之前，对这段历史进行了详细的学习。"

"啊，学习真好，可以知道世界。"小智感叹地说。

妮妮老师又讲了一个故事：在虹口的公平路有两条犹太人居住最密集的弄堂，一度被日本人在出口焊上铁栅门，禁止出入达一年之久，被困在弄堂里的两千余人，最后，大部分都奇迹般地活了下来；是居住在周围的上海市民，采用"空投"——将面饼等食物掷过去的原始方法救助了他们。

听了故事小智气愤地说："日本人怎么这么坏，在中国的土地上还敢欺负犹太人。"

"嗯，不打仗，和平的生活才是最好的生活。很惭愧我们德国人在过去伤害了犹太人。"汤姆斯说，"中国人真的很善良，过去收容了犹太难民，今天，又作为志愿者接纳我及我的朋友到中国人的家庭体验生活。中国好，中国人好。"

这时妮妮老师伸出了手，小智也伸出了手，三个人一起手牵着手走出了上海犹太难民纪念馆。

深秋的阳光照耀在他们身上，一股暖流通过彼此的手传递着，他们感到世界是暖暖的。

 教育分析

1.了解历史，热爱和平

一个民族拥有自己的历史，一个人同样也拥有自己的历史，比如人的成长、家庭、朋友和故乡，每一种体验都和有关的历史联系在一起，形成了一个个大的历史板块。历史就是个人和他所在共同体的产物。

对孩子们来说认识这段历史有点难。通过参观上海犹太难民馆，让孩子更能直观地认识历史，从中进行反省和看到未来的方向。法西斯德国的罪恶不可饶恕，但德国人民是善良的、友好的。在参观中，孩子们看到了纳粹德国，看到了希特勒，看到了犹太人，看到了中国人。历史中的事件与人物栩栩如生地站立在孩子面前，真、善、美也站立在孩子的面前。孩子们从中可以认清善与恶、真与

假，了解历史，热爱和平。

2.了解历史，为祖国骄傲与自豪

被纳粹残忍屠杀而不得不东躲西藏的犹太难民在上海找到了一块诺亚方舟式的乐土。上海人民向他们敞开了博爱的胸怀。

通过参观，让孩子们看到了上海人民敢于面对法西斯的威胁而关爱异乡民族的慈悲之心，学习历史和中国人民的崇高精神。

"前事不忘，后事之师"，历史是一面镜子，但愿世界永久和平，让所有民族平等和睦地生活在同一片蓝天下。了解历史，在孩子的心灵植下友爱的种子。

3.了解历史，吸取教训

了解历史，教育孩子从中吸取教训。

民族之间的恩怨应该断然了结。宽容地审视过去，坦荡地迎接未来。1970年联邦德国总理勃兰特访问波兰，跪倒在华沙犹太人殉难者纪念碑前，他面对的是六百万犹太人的亡灵，他是替所有必须这样做而没有这样做的人下跪了。

国家生活必须民主化、法制化，构建起防范任何形式专断与独裁的政治运行机制，使民众关心国家事务，且又不狂热和盲从。

读者点评1

历史不会忘记我国人民对犹太人以及其他国家人民的友好与关爱！让孩子走进纪念馆，了解历史，让他们懂得和平共处，地球就是一个温暖的大家园。这样的教育非常好，赞一个。

读者点评2

写得很好啊！我不由得想到我们多灾多难的祖国，但愿世界再没有战争，谁不期盼和平呢？但愿我们的下一代能永远生活在充满阳光的幸福时代。

读者点评3

阅读了《参观上海犹太难民纪念馆》，感觉心情很沉重，跟随着妮妮老师的文字一起走进了那个黑暗年代。妮妮老师带汤姆斯和小智参观上海犹太难民纪念馆的过程，不仅妮妮老师、汤姆斯和小智受到了教育，也使我了解了那段历史、了解了希特勒屠杀六百万犹太人的罪恶，以及中国人在接纳犹太难民过程中所表现出的善良、友谊和机智。

剪纸画礼物

相聚的时光总是那样的短暂。一转眼，汤姆斯就要回国了。短暂的相聚，在小智的心中已经产生了兄弟般的情谊。小智舍不得汤姆斯离开，但又有谁能够改变离别的事实呢。

小智找到了妮妮老师商量要送给汤姆斯一件礼物。

小智问："妮妮老师，我想送汤姆斯一份有中国特色的礼物，您说送什么好呢？"

妮妮老师仔细地想了一下说："送他一幅剪纸画吧。"

"为什么送剪纸画呢？"小智问。

妮妮老师说："给你留个作业，自己到网上学习一下剪纸文化吧，学习后，我们再交流好吗？"

小智说："好的。"

小智马上打开计算机搜索了一下有关剪纸的信息。

一下子有许多栩栩如生、惟妙惟肖的剪纸图片呈现在小智的眼前。

"妮妮老师，快来看啊。"小智着急地喊着。

妮妮老师赶紧跑到了小智身旁。

小智说："瞧，这幅剪纸作品多有趣呀。穿红衣的小老鼠们拖着长长的尾巴，眼睛骨碌碌地瞄着四面八方，生怕被人发现它们在偷灯油。可是它们胖胖的身子，让灯台摇摇晃晃……吓得老鼠不由自主地'吱吱呀呀'地叫母亲了。那滑稽的样子真好玩。"

> 小老鼠，上灯台，
> 偷油吃，下不来。
> 喊妈妈呀，妈妈不在。
> 骨碌骨碌滚下来，哟哟。
> 骨碌骨碌滚下来，哟。
>
> 小老鼠，上灯台。
> 偷油吃，下不来。
> 喊妈妈呀，妈妈不在。
> 骨碌骨碌滚下来，哟哟。
> 骨碌骨碌滚下来，哟。

妮妮老师站在小智的身后，轻轻地拍着小智的肩膀，唱起了童谣《小老鼠上灯台》。

"真好听，真好听，我也要唱。"小智说。

师生二人唱了一会《小老鼠上灯台》后，妮妮老师说："这幅剪纸太可爱了，活灵活现地展现了一只小老鼠偷油的故事。中国人真聪明，一把剪刀、一张纸，就能表现一个故事。"

"嗯，剪纸画太好了，可以代表中国文化，我就选这个作为礼物送给汤姆斯吧。"小智说。

"中国是一个古老的国家，传统文化源远流长，丰富多彩。中国有四大发明——造纸术、指南针、火药、活字印刷术。这些发明对世界文明发展也产生了很大的影响。造纸术发明以后，又诞生了剪纸这一民间艺术。剪纸是中国的宝贝，那些质朴、生动、有趣的造型，有着独特的艺术魅力。"妮妮老师说。

　　"这么好的文化，我要让汤姆斯了解剪纸的文化背景。妮妮老师我把剪纸文化整理成文字，您帮我翻译成英文，给汤姆斯好吗？"小智问。

　　"好的，非常高兴你能这样做。"妮妮老师说。

　　于是，小智认真地写了一篇图文并茂的《中国剪纸》，妮妮老师帮他翻译成了英文。

　　这之后，妮妮老师和小智在工艺品商店为汤姆斯选择了一幅剪纸画。

　　当小智把剪纸画和作文《中国剪纸》送给汤姆斯的时候，汤姆斯非常激动。他高兴地要求和剪纸画合影，还要求和小智一起学习剪纸。

　　妮妮老师马上准备了剪纸需要的材料——剪刀、彩纸、胶水、刻刀以及衬画用的纸张。

　　汤姆斯选择了一张黑色的纸，他说："我要剪一只大熊猫。"

　　小智一听，骄傲地说："熊猫是中国的国宝，我也剪一只熊猫送给你。"

　　妮妮老师说："那你们就做一幅熊猫手拉手的剪纸画吧。"

　　两个孩子一听，剪纸的热情一下子高涨了起来。

　　在妮妮老师的指导下，孩子们首先将彩纸有颜色的一面朝里对折，将熊猫轮廓的一半用铅笔画在纸上，然后用剪刀沿着画线部分裁剪。

　　对于第一次做剪纸的汤姆斯和小智来说，剪熊猫还是有一定难度的，在裁剪的过程中，他们掌握不好尺度，一不小心就剪到线外边，破坏了熊猫的形态。两个孩子做了一个又一个，失败了再做。时不时地传来孩子的惊叫声："哎呀，又剪坏了！"

　　两个孩子商讨着裁剪的窍门，最后的结论是：只有小心地、仔细地裁剪才是硬道理。

　　经过孩子们不懈的努力，一大一小两只熊猫终于诞生了。

　　妮妮老师将孩子们剪好的作品平整地粘贴在衬纸上，一幅剪纸画就诞生了，给汤姆斯的又一份特殊的礼物也诞生了。

　　小智说："这两只熊猫手牵手，多友好啊。"

"嗯，画上没有竹子，熊猫会饿的，我画几根竹子给熊猫吧。"说着，小智拿起水笔在衬纸上画了几片竹叶。

这可是画龙点睛之笔啊，这幅画立刻显得更加生动而温馨。

"那只大的熊猫是我，小的熊猫是小智。我要把这幅剪纸画放在我的卧室里，我会常常想起中国，想起你们的。"汤姆斯的眼里闪烁着晶莹的泪花。

妮妮老师伸出了手，小智伸出了手，汤姆斯也伸出了手，三个人的手就这样紧紧地握在一起。

妮妮老师轻轻地唱起了《我和你》，两个孩子也不约而同地合唱起来，歌声久久地在天空中回荡⋯⋯

教育分析

1.以礼物为媒介让孩子了解剪纸文化

剪纸艺术是中华千百年的历史文化积淀的产物。中国民间剪纸是以纸为载体而进行创作的一种艺术。它犹如一株常春藤，古老而常青，它特有的普及性、实用性、艺术性使它成为一种大众文化。教师巧妙地以选礼物为媒介，引导孩子用自己的力量去了解剪纸文化，在优美的童谣《小老鼠上灯台》的歌声中，剪纸艺术的奇妙与美好又在听觉上冲击着孩子的感知，让剪纸文化深深地烙印在孩子的心中。同时，德国孩子收到剪纸画的礼物及小智的作文的时候，对中国的剪纸艺术的探究之心油然而生。以礼物剪纸画为桥梁，传递了中国文化。

2.一把剪刀赋予一张纸以生命

孩子们通过自己的制作，亲身体验了中国的剪纸文化。一把剪刀、一张纸，竟然剪出了中国的国宝熊猫。当栩栩如生的熊猫诞生在孩子们的面前时，那是一种心灵的震撼。当两只熊猫形成手牵手的画面时，再次感动了孩子。爱是有生命力的。因为爱，中德的孩子走到了一起；因为爱，一张纸有了生命力；因为爱，熊猫的剪纸画承载了中德的友谊。

读者点评

读者点评1

活动选题精心，构思独特，既宣传了中国民族文化，又培养了孩子的动手能力和学习兴趣，无论是选材还是指导，都体现了教师的精细之处。非常好。

读者点评2

剪纸画传递的是友谊，是文化，是感动。汤姆斯虽然回国了，但是他会记住中国的剪纸，记住妮妮老师，记住小智的。爱，没有国籍；爱，无处不在；爱，让生活充满感动！伸出我的手，伸出你的手，把爱传递，让世界变成美好的人间。

小智的日记

第一次

2012年10月22日 星期一

今天是德国小朋友汤姆斯来妮妮老师家的日子。从今天开始我也要住到妮妮老师家了。

汤姆斯会说中国话吗？我们能交流吗？我都担心死了。

晚上七点钟，妮妮老师领着汤姆斯回来了。

汤姆斯一见到我，就和我拥抱，把我吓一跳。第一次被陌生男孩子拥抱，感觉怪怪的。这是外国人问候的一种方式吧。

他用英语自我介绍，我听懂了。我也会用英语做自我介绍。第一次和外国人说英语，他听懂了，我暗喜了一下。

汤姆斯是德国人，他英语说得很棒。我羡慕得都要流口水了。以前我不怎么喜欢学习英语，这次一看，不好好学英语是不行的。

英语好像是跷跷板，我坐在这头，他坐在那头，只有通过英语我们才能玩到一起。

汤姆斯和中国人长得有点不一样，白皮肤、黄头发。妮妮老师说我是黄种人，他是白种人。哈哈，人也有种子啊，不同的种子开不同的花。汤姆斯还戴了个牙套。牙套好像是全世界通用的。

汤姆斯到了妮妮老师的家，就迫不及待地跑到了阳台上。在阳台上就可以清楚地看到外滩和东方明珠。汤姆斯掏出相机"咔嚓咔嚓"地拍个不停，嘴巴还不停说着，我不能全听懂，但我听懂了"How beautiful Shanghai is"。其实，从他的动作中，我也知道那是在赞美。看到这些，我的小白牙也高兴地出来晒太阳了。

汤姆斯给妮妮老师带来了德国的巧克力，是一个大个头的，有铅笔盒那么大。我仔细看了一下，原来有500克重。

我第一次看到这么大个头的巧克力，妮妮老师把它用刀切成一片一片的放在盘子里给大家吃。原来那巧克力是杏仁味的，味道好极了！好像德国人把巧克力当作饭来吃。

汤姆斯还送给我五块小的圣诞老人的巧克力。我没舍得吃，明天带到班级去给同学们看看德国的巧克力。

吃饭的时候，汤姆斯不会用筷子，他一会儿挑战筷子，一会儿用刀叉，呵呵，食物半天也运送不到嘴里。

妮妮老师给他准备了酱牛肉、洋葱炒牛肉、水果色拉、烤三文鱼。汤姆斯说晚餐很好吃。

吃饭的时候，汤姆斯要喝凉牛奶，他还说这牛奶怎么这么好喝。一直喝牛奶，我从来不知道是哪家工厂生产的牛奶。今天，我第一次仔细看了一下牛奶的包装盒，上面写着：光明优倍。

我感到德国人吃饭的习惯和中国人不一样，他们喜欢吃凉的食物。

晚饭后，汤姆斯玩游戏，我做作业。汤姆斯问我："你的作业怎么这么多？"

唉，同是地球的孩子，可我的作业怎么会这么多呢？这是为什么，为什么？

我有个疑问：上学的时间，为什么德国的孩子会放假二十天到中国来旅行呢？他们十天在北京，十天在上海。他们不学习吗？我也想放假二十天，到德国去看看。

今天，我的第一次太多了，问题也有点多。对了，第一次写这么多字。平时，写作文我可是没有"菜"，今天"菜"太多，有点撑着了，瞧，肚子都大了。

妮妮老师说我是小小的志愿者。妮妮老师说："要把助人当作一种生活习惯。"

我困了，睡了。

生气了

2012年10月23日　星期二

早晨，妮妮老师好像起得很早，躺在床上，我就闻到烤鱼的香味了。果然，早餐有烤三文鱼，还有大酱汤、土豆色拉、酱菜、米饭、果汁、矿泉水和牛奶。

早餐后，我可要发挥小小志愿者的作用了。我要带着汤姆斯一起去学校。我们学校负责德国孩子白天的活动。放学后，我还要把汤姆斯带回妮妮老师家。

汤姆斯害怕过马路，信号灯一变绿，他就奔跑过去。其实，我也害怕过马路。

总算把汤姆斯交到了指定地点，我终于长长地舒了一口气，提着的心终于放下了。

今天，我把汤姆斯的巧克力拿给同学看了。同学们说很想看那个大家伙（500克的大巧克力）。我说："大家伙都进了我的肚子了。"

今天，上课时有点开小差，盼着早点放学。汤姆斯来了，我的生活好像快乐了。

一放学，我就去指定教室接汤姆斯。汤姆斯等得脖子都长了。他抱怨说："你们放学太晚了，我都饿了。"

推开妮妮老师的家门，迎接我们的依然是妮妮老师那灿烂的笑脸。

在门外，我们就闻到咖喱的香味了。汤姆斯对我说，他不吃辣。看来他很担心咖喱是辣的。

晚餐有咖喱、蔬菜色拉、番茄浓汤、烤秋刀鱼和米饭。吃饭时，汤姆斯还是喝了凉牛奶。

晚饭后，我让汤姆斯教我英语，他还帮我检查英语作业呢。他要是我哥哥就好了。我想要个哥哥，这是我的秘密。

汤姆斯在德国学过中文。他有一本德国编的中文课本。我好奇地看了一下，很生气，很生气，非常生气。课本里的插图，都是我不认识的中国人，好像是中国的古代人，穿的衣服都是破的。德国人怎么这样看中国人呢？更让我生气的是，书中有一段中文：好消息，特大好消息，德军占领长城了。我们对德国同学这么好，德国的教科书还这样写。我生气了，真的生气了！

因为看到这段话，我就不理汤姆斯了。

因为生气，作业都没有认真做。

早早地上床睡觉了。

吃着碗里的，看着锅里的

2012年10月24日　星期三

一大早我就把我生气的原因悄悄地告诉了妮妮老师。妮妮老师说不要生气，因为德国人不认识中国，所以让他们走进我们的生活，认识中国、认识中国人，不是很好吗？如果生气了，不交流了，他们会更加错误地理解我们。你穿破衣服了吗，你见过谁穿破衣服了？生气是不能解决问题的，不会因为你生气，人家就不来攻占长城了，重要的是让他们看到我们内心强大，国力强大。

妮妮老师说得真对，看来我也必须强大起来。我要让汤姆斯看看我有多强大。

嗯，我一下子不生气了。

晚上，妮妮老师做的晚饭太好吃了，吃得汤姆斯都站起来取食物了。他嘴巴里吃着，还瞪大眼睛看着盘子里的，生怕被我们吃完了。我终于明白"吃着碗里的，看着锅里的"是什么意思了。他很喜欢吃细粉做的凉菜。妮妮老师说吃东西也是一种文化，那叫饮食文化。

我还在网上搜索了一下德国人的主要饮食习惯。

德国人主食为黑麦、小麦和土豆，面包是德国人最喜爱的食品，他们还喜欢吃奶酪、香肠，并配以生菜色拉和水果。德国人吃饭讲究实惠，实行"光盘"政策。早餐简单，晚餐是一天中最丰盛的一餐，以吃肉为主，一般都配有汤和菜。德国人喜欢清淡、甜酸，不爱吃油腻的食品，不爱吃辣。在饮料方面，德国人最爱喝啤酒，也爱喝葡萄酒。

今天，我和汤姆斯恢复了友好关系，我还把宝贝的游戏机给他玩呢。内心要强大嘛，妮妮老师说过，内心强大，首先要学会原谅别人的错误，用宽容的爱心去对待别人。

今天，我发现汤姆斯旅游用的小包很好，可把各种洗漱用具都装在里面，这样既方便又不容易丢失东西，好管理。我也想要一个。我拍了照片，让母亲照着样子给我买一个。

现在的网络消息传递得很快，今天，汤姆斯把他的笔记本电脑搬出来了，把在中国拍的照片传回了德国。我看他还写了很多感想发回了德国。看来我们中国人真的要棒棒的，让照片也棒棒的。只有这样才能让外国人看到我们的强大。

今天，我发现自己开始变得强大了。就是妮妮老师说的那种内心强大吧。

大闸蟹

2012年10月25日　星期四

晚上，妮妮老师的朋友送来了一筐大闸蟹，这下可把汤姆斯激动死了。他先说："这太残酷了，怎么能吃呢。"可是不一会儿他又说："我要挑战一下，吃吃看，那是什么味儿。"

在蒸大闸蟹之前，他还要求和大闸蟹玩一会。大闸蟹真的放出来了，样子凶猛，横着身子走路。汤姆斯被大闸蟹的气势吓得连连后退。

他用筷子和大闸蟹玩了好一会儿。

吃蟹的时候，我看他吃得好香，他还说："This is very good，真好吃。"

听说德国人不吃大闸蟹。我在网上搜索了一下大闸蟹在德国，不看不知道，一看吓一跳。德国人有占领长城的想法，可是我们的大闸蟹已经先在德国登陆了。

网上这样写道：据2012年9月的《柏林信使报》报道，几只中国大闸蟹，前几天借着太阳的余晖，悄悄向柏林的德国联邦国会大厦挺进。这引起了一些游客的"警觉"。他们报警后，这些外来"入侵者"被动物保护机构"抓获"。

报道还说，这些来自中国的大闸蟹早在1900年就开始"移民"到欧洲。1912年，德国首次有官方报告说发现了这种中国特有的大闸蟹。1933年，德国科学家调查后认为，大闸蟹是通过商船的压舱水从中国"移民"到欧洲的。大闸蟹是每天能爬行十二公里的"装甲动物"。它们善挖洞穴，破坏水坝。它们会毁坏捕鱼工具，吃掉渔网里弱小的鱼虾。甚至一些工业基础设施也成为它们的破坏目标。大闸蟹给德国造成的损失已高达八千万欧元。

大闸蟹在中国是好吃的东西，在欧洲许多国家却被视作"可恶的入侵生物"而恨得咬牙切齿。

最讨厌大闸蟹的是英国人。英国的媒体就把大闸蟹描绘成"面目狰狞的怪物"而大加讨伐，童话作品里的大闸蟹也往往是邪恶的化身和阴谋的代表，跟中国童话里的大灰狼一样。

看了大闸蟹给国外造成的破坏，我心里还真有点难过。还真不能小看这些小东西。吃个大闸蟹，吃出了大闸蟹的"罪行"。

大闸蟹都走出中国了，我不出去露露脸怎么可以呢！母亲说，明年暑假，也让我去德国人家里住十天。如果可能，我期待回来时，能把那些可爱的大闸蟹都从欧洲带回来，免得它们在国外遭人白眼。

太饱了

2012年10月26日 星期五

今天是星期五，放学早。妮妮老师要带我们去吃烤肉。我可是"肉食动物"，还没吃，我的口水就要流出来了。

点菜是我的强项，我点了雪花牛肉、银鳕鱼、三文鱼、多春鱼、牛舌、鳗鱼、蔬菜色拉。

汤姆斯挑战欲很强，样样都想试一试。都说外国人不吃动物内脏，可是汤姆斯觉得牛舌很美味。他的表情写着满足。他说："这是我吃到的最好的一顿烧烤。"

我觉得汤姆斯来到中国后，体验到很多第一次。其实，没体验过，不能代表不喜欢。

回来的时候，我们又夜游了上海滩。

我每天都生活在上海，对身边的景色已经习惯了。可是汤姆斯不断地惊叹、不断地拍照，他的情绪不知不觉感染了我，妮妮老师说这是"波纹效应"。

我们先乘出租车去了浦东，一下车就看到了美丽的东方明珠塔，它就像孙悟空的金箍棒一样直插云霄。塔身上的彩灯不断地闪烁，我的眼睛也不停地眨呀眨。

东方明珠是很有名的，到上海的人都要去看看。我们迫不及待地登上了263米的观光层，站在东方明珠观光大厅，我感觉自己像一个超人，大上海成了"积木王国"了。地面的建筑物仿佛是一块块小积木，人仿佛是一只只小蚂蚁……嘿嘿。我喜欢东方明珠电视塔，它是中国的骄傲，是勤劳、智慧的结晶。

259米高的悬空观光廊是最刺激的地方。透过地上的钢化玻璃可以清楚地看到地面。看得我腿发软，那才叫"心跳的感觉"。

参观完东方明珠，我们又穿越了观光隧道。我们坐在玻璃一样的车厢里，穿越隧道，那隧道太有感觉了，也许时空的隧道就是这样的吧，五光十色的灯光，看不到尽头，我和汤姆斯只看得目瞪口呆。坐在车上，一瞬间我们就从浦东穿越到了浦西，就像孙悟空翻跟头一样，一个跟头就从浦东翻到了浦西。

在浦西，妮妮老师还请我们到和平饭店去喝了杯果汁。妮妮老师说和平饭店是英籍犹太人沙逊在1929年花了很多钱兴建的豪华饭店。

外滩上的建筑好像城堡，每个建筑都有自己的特点。妮妮老师说："那叫万国建筑博览群。"

夜游上海滩，我发现了很多自己以前不知道的东西。我想汤姆斯会更开心的。

今天，过得又很"饱"，吃得饱，玩得饱。我想我的梦也会很饱。

包饺子

2012年10月27日 星期六

今天的主要任务是包饺子。妮妮老师说饺子是中国食文化的代表。

一大早妮妮老师就带我和汤姆斯去采购包饺子的材料。

我拿着妮妮老师的购物计划和汤姆斯去采购，真的很开心。其实，我都不知道芹菜长啥样，汤姆斯更是连采购计划都看不懂。我是让营业员帮忙才找到了芹菜。在买面粉的时候，我很为难，没想到面粉会有很多种类。看了包装上的说明才知道，有些是蒸馒头和包子用的。我仔细读了面粉包装上的说明，确认是包饺子用的面粉后，才买的。

包饺子可不是一件简单的事，切洋葱的时候，我和汤姆斯都流泪了。两个小孩一人一把大菜刀也是挺吓人的事。妮妮老师胆子真大，也不怕伤到外国孩子。

妮妮老师教的擀饺子皮的方法真棒，我和汤姆斯一下子就会了。

妮妮老师说的那个谜语也很好，"远处来了一群鹅，扑通扑通跳进河"。我记住了那是饺子。

包饺子是一个各种材料组合在一起的过程。这些东西很神奇，面粉遇到水，经过搓揉就会结合在一起，一擀就会变成皮，又包成了饺子，原来面粉也会变身啊。听说许多外国人都纳闷，那些馅是怎样进入到皮里的。

我自己包了饺子，感到饺子真是一种了不起的文化，值得骄傲。

我暗中观察了汤姆斯，汤姆斯一共吃了二十个饺子。我猜他是撑着了。

饺子虽然好吃，但是我觉得有点浪费时间。我们可是从早上忙到中午啊。妈妈做饭也是这样忙吧。妈妈每天都为我做饭，她一定会很累的。写到这儿，我有点想家了，更想妈妈了。

我想对妈妈说：妈妈辛苦了。

做风筝

2012年10月29日　星期一

今天，参加了做风筝活动。妮妮老师也参加了。原来风筝也是我们中国的文化啊，中国人真聪明。

汤姆斯一来，我也有机会学习中国文化了。

教做风筝的老师是一位老爷爷。可是风筝的文化比老爷爷还要古老得多。

做风筝的时候，我犯了一个小错误，把那竹篾子做的风筝骨当作了弓箭。我还用这弓箭和汤姆斯进行了射击比赛，害得汤姆斯把风筝骨都拉断了。虽然今天老师没有批评我，我自己可要给自己打一个叉。

今天，我做了一个"中国龙"的风筝。做风筝很开心，放风筝更开心。

摇着线，看着自己的劳动成果飘扬在天空，心都乐开花了。特别是空中还飘扬着德国小朋友用心做的中国风筝。看着风筝，我看到了中国的文化，我是中国人，我骄傲！

汤姆斯在放风筝的时候，线断了，还好在妮妮老师和我的帮助下找到了风筝，让他的风筝重返蓝天。汤姆斯笑了，可是我比他笑得更欢！

打腰鼓

2012年10月30日　星期二

今天，在学校里和德国同学学习了打腰鼓。原来腰鼓也是中国古老的民族艺术。

老师说，腰鼓是一种非常独特的民间大型舞蹈艺术形式，有两千多年的历史。

今天，我第一次认识腰鼓，还是和德国小朋友一起，感到激动，感到骄傲。中国的文化好丰富啊。

腰鼓的声音清脆又响亮。那鼓声一起，没有谁不精神了，哈哈。它节奏欢快，敲打起来立刻给人一种精神振奋的欢乐感觉。

腰鼓的鼓身是木头做的，像个木桶，中间较粗而两端稍细，鼓面是皮的。同学们每人都领到一个腰鼓，老师让我们将鼓带挂于右肩，鼓身斜挎于左腰，双手各执一槌敲击，两槌既可同击一端鼓面，也可各击一端鼓面。老师教了我们最简单的节奏"咚咚巴，咚巴咚"。

一开始，声音很乱。同学们都乱敲，还总掉槌子。后来在老师的指导下，从刚开始的三三两两、此起彼伏的不协调声音到逐渐变为清晰整齐的"咚咚巴，咚巴咚"。

我觉得一个人打腰鼓没意思，只有和同学们在一起打才有气势。"咚咚巴，咚巴咚"敲出了快乐、喜欢、友谊……

我观察了一下，我看德国同学比中国同学还要喜欢打腰鼓。他们不仅打鼓，还配合一些自己的动作。

我认为在集体打腰鼓的时候，一定要打得整齐。腰鼓队就好比是龙舟队，每个队员就是一支桨，一个人划得再好，也难使龙舟前行，只有相互学习，相互帮助，相互支持，齐心协力，一起使劲，才能打出欢乐和谐的声音。

晚上，在回家的路上，汤姆斯还不断地嘀咕着"咚咚巴，咚巴咚"。一路上，我们是踩着腰鼓的鼓点回来的。

大熊猫和小熊猫

2012年10月31日 星期四

明天，汤姆斯就要离开中国了。我的心开始哇哇地哭了。

要送给汤姆斯的礼物很多，中国的剪纸画、茶叶、大白兔奶糖、熊猫储蓄罐、中国结，还有我写的《中国剪纸》的作文。

汤姆斯收到礼物非常开心。他看了我的《中国剪纸》的作文后，非常想学习剪纸。

妮妮老师一点也不嫌烦，耐心地教我们剪纸。我和汤姆斯学习剪熊猫，看上去很好剪，可我们总是剪不好。汤姆斯剪了一只大一点的熊猫，我剪了一只小一点的熊猫。

把熊猫放在衬纸上，还真有感觉，好像两个好兄弟。汤姆斯立刻认出来了那只大的是他，那只小的是我。嗯，代表我的熊猫先出国露露脸也好。

那首《我和你》的歌真好听，好像就是在写我们。我们一起唱了那首歌。

妈妈说，寒假的时候也送我去德国人家住十天。那时候，不知道能否见到汤姆斯。

我不知道世界有多大，但我知道飞机可以到处飞。

熊猫兄弟先飞走了。等等我，我就来。

时间的味道

2012年11月1日 星期五

汤姆斯走了，我也回家了。我的生活一下子寂寞了很多。当小小志愿者真好，每天都很快乐，还学到了很多东西。做志愿者就先要学会助人。助人是快乐的源泉。

今天早上，我把汤姆斯送到指定地点，分别的时候，我们紧紧拥抱。今日分别，不知道什么时候再见。我停下脚步，回头望着汤姆斯的背影，我流泪了，泪水流到嘴里，是咸的。

今天一天，我都很难过。

还好这段时间我有写日记，又有拍照片。日记和照片都留下了时间的味道。

汤姆斯走了，我开始寻找他留下的时间的味道了。

汤姆斯的运气很好，他在的时候，黄浦江上放烟火了。坐在妮妮老师家的阳台上观看烟火，好开心。

记得星期天的时候，有人放爆竹，把汤姆斯吓坏了，他不知道发生了什么事情，一下子蹦到阳台上，四处张望。我告诉他那是有人结婚。可是他不明白为什么结婚就要放爆竹呢。妮妮老师告诉他：有喜事或节日的时候，就会放爆竹。

其实，我也觉得中国人放爆竹的习惯不好，污染空气，还有好多垃圾。在我家里就从来不放爆竹。

记得有一个晚上，大家都睡了，汤姆斯却爬起来，敲妮妮老师的房门，我也被敲醒了。汤姆斯说饿了，不能忍受，一定要吃饭。

半夜里，妮妮老师给他做了好吃的饭团，还有大酱汤。我坐在汤姆斯的旁边看他吃得好香啊。我都馋了，我忍着馋虫，没吃。唉，妮妮老师也没让我吃。现在想起来有些后悔了。妮妮老师做的饭团是啥味道呢？

汤姆斯最喜欢吃妮妮老师做的土豆色拉。他还问了制作的方法，说要做给妈妈吃。我跟着汤姆斯一起学会了土豆色拉的做法。等星期天我也做给妈妈吃。

我和汤姆斯之间有许多故事。想念的时候，就拿出这些故事，嚼巴嚼巴，解解馋。

汤姆斯走了，我要抓紧时间强大自己。

那么远，那么近

2012年12月24日　星期一

我一直很喜欢礼物，在这平安夜，虽然没有收到圣诞老人的礼物，但我收到了汤姆斯从德国寄来的圣诞礼物。这份特殊的礼物，盛满沉甸甸的祝福，让我好幸福。手捧这份礼物，心里甜甜的，美美的。恍惚间，我仿佛看到汤姆斯坐在圣诞老人的雪橇上，向我奔来……

圣诞树上，七彩的星光闪烁着无数记忆深处的欢乐，那有我和汤姆斯的欢歌笑语。

圣诞节是没有国界的。今夜，我和汤姆斯在不同的国家共度一个节日。

收到的礼物中有汤姆斯最喜欢吃的巧克力面包。他告诉我这面包是他的最爱，吃口面包，喝口牛奶，那味道好极了。这面包好大，有1000克重。吃的时候，要用刀切成片。我学着汤姆斯的样子喝牛奶，吃面包。咀嚼着汤姆斯的味道。突然，感觉到德国好像就在眼前，汤姆斯也就在眼前。

收到的礼物中还有酒心巧克力。咬破巧克力，好像喝了一口酒。呵呵，我第一次喝酒，还是来自德国的巧克力味的酒。这味道好特别，一生难忘。

平安夜，我就这样自然而然地想念着汤姆斯。我与汤姆斯是那样的远，又那样的近。

当圣诞的钟声响起的时候，千万声祝福飞出我思念的胸膛，深深地祝福我的朋友圣诞快乐！

外一篇：来自德国的感谢信

Hello Xiaozhi !

Please let me introduce myself: I'm Thomas' mother.

I would like to let you know that Thomas returned home safely and is very, very happy about his time he was able to spend in China and especially with you . Thank you very much for your generous time you gave Thomas and the way you looked after him! We are all very grateful. We are looking forward when you, Xiaozhi, will be coming over to Germany to see us!

All the very best to you and your family!

Thomas' mother

10.11.2012

小智：

你好！

请允许我自我介绍：我是汤姆斯的母亲。

我想让你知道汤姆斯已经安全地回到家里，在中国的这段时间，他感到非常的愉快，尤其是与你一起度过的日子。谢谢你慷慨地花费时间来照顾他！我们很感激你。我们期望你能来德国看我们！

祝福你和你全家！

汤姆斯的母亲

2012年11月10日

第七章
暑假生活

暑假放假的时间很长。怎样让孩子度过一个健康、快乐、有意义的暑假是每一个家庭面临的问题。

根据家庭条件、孩子的个性与潜能、社会文化及各方面的实际情况，做出适合自己的个性化安排，不要简单模仿别人，最重要的是使孩子的潜能获得最大限度的激发与彰显，让其自主性、自信心获得提升，为下一阶段的学习做好更充足的准备。对于孩子来说，假期的主题就是玩，玩是假期中最好的学习形式，玩能激活孩子内在的潜能。

其实，玩也是有学问的。在玩中学是最好的教育。

孩子的假期应该是一个既轻松又充实的假期。让孩子过好假期，家长就应该充分挖掘"学"与"乐"的结合点，寓教于乐。只有让孩子能够在学习中体验快乐、在娱乐中学到知识，孩子的假期才能过得既轻松愉快，又富有意义。

暑假，妮妮老师受小智父母的邀请，随小智一家去别墅度假三天。别墅坐落在海边的山上。在山上，可以嗅到海的气息，听到海的声音。在这里，妮妮老师和小智的一家度过了愉快的三天。阅读本章，您会感悟到：

孩子走出去，看到了山的巍峨、海的广阔。孩子在大自然中享受快乐，陶冶情操，强健体魄，增长见识，提高审美意识、审美能力、认知能力；在亲子活动中积极参加劳动，既培养了自己动手的能力，又学习如何从他人的角度思考问题，多为他人着想。

大扫除和咖喱饭

下午，大家到达了别墅。入住的第一件事就是大扫除。

由于长时间没有人居住，房间里到处布满了灰尘。小智的父亲、小智和小美负责客厅与卧室的清洁工作；小智的母亲负责浴室及卫生间的清洁工作；妮妮老师负责厨房的清洁工作。

小智的父亲让孩子们每人拿一块相同大小的抹布。孩子们并列弯腰站在地板的一端，将长方形抹布平摊在地板上，两手按住抹布的两端。孩子们在父亲的口令下，两腿蹬地，两手推着抹布向前慢跑。在父亲的指挥下，孩子们按顺序在地板上推着抹布往往复复地跑着。用湿抹布清洁过地板后，父亲让孩子们用干抹布再清洁一遍。

小智和小美一脸的不乐意，齐声问："爸爸，我们不都擦得很干净了吗？为什么还要擦啊？"父亲左手拍拍小智的头，右手拍拍小美的头，严肃地说："如果地板上留有没有擦干净的水迹，踩到的人会滑倒。滑倒了有可能还会有人受伤的。滑倒的人有可能是我，是母亲，是妮妮老师，是你们。你们说应不应该再用干抹布擦一遍呢？"

小智望望小美，小美望望小智。两人一击掌，大声地说："爸爸，我们会擦得干干净净的。"

两个孩子拿起了干抹布特别认真地擦起来。擦完后，小智牵着小美，还在地板上来回做了几次检查，生怕哪里遗留了一点水迹。

确认地板上没有水迹后，小智和小美欢天喜地地在地板上翻滚着。小美指着哥哥的脸，笑得前仰后合地说："哥哥是只小花猫。"

小智也指着小妹妹的脸说："妹妹也是只小花猫。"

打扫过房间卫生后，大家开始忙碌晚餐。

在别墅前的空地上，小智的父亲用石头垒起一个简单的灶台。

妮妮老师带着孩子们在树林里拾干柴。他们从来没有这样玩过，好像是在用最原始的方法做美味的晚餐，孩子们兴奋得又蹦又跳，还唱起了童谣《森林里的熊先生》：

有一天，小姑娘在森林里，遇到了熊先生。

小姑娘在百花绽放的森林小径中，遇到了熊先生。

熊先生开口就说："小姑娘，请快逃吧！"

小姑娘急急忙忙，慌慌张张，逃啊逃……

可是，熊先生却从后面追了过来。

步履蹒跚，摇摇晃晃，追啊追……

"小姑娘，请等一等，你掉了一件好漂亮的东西！白色的贝壳小耳环。"

"啊，谢谢你，熊先生！让我唱首歌感谢你吧！"

啦啦啦啦，啦啦啦啦，啦啦啦啦，啦啦啦啦。

小美到处寻找白色的小耳环，还不停地问妮妮老师："熊先生在哪里？"

妮妮老师神秘地一笑，附耳对小美说："天太热了，熊先生躲在家里呢。"

小智很努力地拾到了很多干柴。

三个人汗流浃背地拖着两大捆干柴回来了。

大家看到小智的母亲正在洗米煮饭。

今天，晚饭的食谱里有咖喱饭和土豆色拉。小智和小美抢着削土豆皮。剥洋

葱皮的时候，小家伙们辣得直流眼泪。孩子们热情高涨，晶莹的汗珠在小鼻头上滚动。小美被辣得丢下洋葱跑了。小智喊着妹妹："快回来，不剥洋葱，怎么做咖喱饭啊，难道你不想吃饭吗？"小美听到哥哥的喊话，就跑了回来，一边剥着洋葱，一边流着眼泪。

小智和小美还有一个任务，就是做土豆色拉。孩子们学着母亲的样子，将蒸好的土豆用大调羹压成土豆泥，将煮好的鸡蛋压成鸡蛋泥。孩子们一边压着土豆，一边用手指蘸着土豆泥往嘴里送。

灶台上大锅的水开了，大家小心翼翼地将切好的土豆、洋葱、胡萝卜和牛肉放进了锅里。小智和小美时不时地给灶台里添柴火。孩子们探着头观察锅里的动静。不一会儿，锅里冒出了热气，土豆、洋葱、胡萝卜和牛肉在锅里翻滚着，香气在空气中弥漫着。

夕阳将细碎的阳光泼洒在孩子们的身上，灶火把孩子们的脸映照得红彤彤的。

此时，炊烟袅袅，咖喱飘香。树上的鸟儿，蹦蹦跳跳地歌唱着。

半小时后，咖喱煮好了。小智的母亲给每一个人盛了一碗咖喱饭。孩子们捧着热气腾腾的咖喱饭，眯缝着眼睛，翕起小鼻子，翘着小嘴，嗅着香气。

大家围坐在石桌旁，一起开动了。然后，树林中只有品尝美味的声音和海浪拍打海岸的声音。

教育分析

1.让孩子参加适当的劳动

在大扫除中，孩子们参加了地板的清洁工作；在晚餐中，孩子们参加了拾干柴、制作色拉、削土豆皮、剥洋葱皮的工作。在简单的工作中，感受了劳动的快乐，培养了从小热爱劳动的好习惯，避免了将来长成"饭来张口，衣来伸手"的

"小公主""小皇帝"。孩子与父母、老师一起参与家务劳动，和睦快乐的氛围有利于孩子的健康成长，增强了孩子对家庭的情感。

2.在劳动中培养孩子统筹能力

在擦地板的时候，孩子们用适当的姿势、适当的方法清洁地板。

通过劳动，孩子明白了做任何事情都是有规律和先后顺序的，找到合适的方法和步骤，做事情就会很顺利，否则就会有相反的效果。这培养了孩子的分析能力、判断能力、创造能力、动手能力和逻辑思维能力。

3.在劳动中学会战胜困难

剥洋葱的时候，小美因忍受不了洋葱的辛辣，中途逃跑了，后来在哥哥的要求下，又回来剥洋葱，一边流着泪，一边剥着。孩子们在劳动中，通过自己的感官，感觉到了劳动的辛苦。在克服困难后，完成了任务。这种训练不仅培养了孩子勇于克服困难的精神，还增强了孩子的劳动技能、自信心和自豪感。

4.在劳动中培养孩子的责任感

在大扫除中，大家有分工，每个人都各尽其责，干得热火朝天。劳动结束后，看着一尘不染的家，大家都开心地笑了。劳动的辛苦一扫而空，最重要的是培养了孩子积极参与的精神和对家庭的责任感，因为孩子也是家庭的一分子，就应该分担力所能及的家务。通过做家务，孩子可以体谅家长的辛苦，正确对待他人的劳动，珍惜劳动成果，逐渐承担自己在家庭里、社会上的责任，培养良好的品质。

孩子参加劳动，和家人一同操持家务，可以促进家庭人际关系的融洽，增进亲情，形成和睦、团结的家庭。

5.在劳动中培养孩子多为他人着想

在擦地板的时候，湿抹布擦洗后，还要用干抹布擦干水迹。这一行为让孩子深深地体会到了，小小的水迹也会惹祸。无论做什么都要认真做，不然就会给他人造成麻烦。因为懂得了这一点，孩子们由原来的抵抗情绪变成了积极的态度，认真地用干抹布擦洗地板，擦洗后还主动检查地板上的水迹。把他人放在心上的良好习惯在劳动中植入了孩子们的心灵。

6.培养孩子审美能力

教孩子在树林里拾干柴，在山上野炊，可以启迪孩子对大自然、对周围世界之美的感受，并激发他们创造美的欲望。

教育孩子观察美、思考美，不仅是一种欣赏能力的提升，更是为了通过对美的认识促进道德、情感的发展。"对美的感受能在少年心灵中激发出一种极敏捷的力量，使之成为刚毅果敢、宽宏大量、心地善良而又热忱的人。"须知真、善、美是天然联系在一起的，要教学生做真诚、善良的人，就不要忽视对他们审美能力的培养。

读者点评

读者点评1

现在的孩子，缺乏的就是自觉运动和自我管理，包括日常生活常识，除了会煮方便面，别的什么也不会。看到你们这样的情景，不光惹得孩子们有饱满的情绪，也诱惑着我的眼球和味蕾。孩子们品尝着一锅美味，欣赏着海景，惬意非凡。

读者点评2

这篇文章很有推广价值，现在的独生子女娇生惯养。我的外孙都上二年级了，吃饭还要追着喂。父母都是成功人士，忽视孩子行为能力的培养。以前的孩子在学校都要轮流做值日，可现在呢，有的甚至让爷爷、奶奶、外公、外婆代替值日。这些孩子长大了能有作为吗？所以生命热爱教育理念一定要推广。

读者点评3

这篇文章写得真好，我们父母大多对独生子女是溺爱的，怕孩子受累，什么事宁可家长去做也不让孩子去做，形成了孩子没有独立性，没有责任心，不知感恩。中国的书本上需要这方面的教材，这快乐的一天，每个人有明确的分工，各尽其责，既培养了孩子们参与劳动的乐趣，又让孩子们分享了劳动的成果，懂得了感恩又增加了家庭和谐的气氛，是很值得学习的范例。

读者点评4

朴实流畅的文笔，把我们又带回到了充满乐趣的童年时代。是一篇值得家长们阅读的好文章。让孩子们从小参加家务劳动不仅锻炼了孩子们的各种能力，也让孩子们体会到父母的辛苦，使他们从小懂得感恩。

锹 甲 虫

在别墅的不远处，有一个自然公园，那里有个锹甲馆，馆里饲养许多锹甲虫，对孩子们的吸引力极大。当小智和小美得知要去那里探险的时候，他们欢呼雀跃。

锹甲馆里有3平方米左右松软的土壤。土壤上养着数不清的锹甲虫。走近观察，就看见很多锹甲虫从松软的土壤里钻出来，探头探脑、左顾右盼的，有的还爬到干枯的树枝上。它们的行踪毫无遮掩地暴露在人们的视野中。

锹甲有细细的脚、硬硬的壳、笨笨的身体，它们不会像毛毛虫那样长出翅膀，自由翱翔，也不会像蝎子那样翘起尾刺，主动攻击。锹甲虫没有攻击"武器"，行动缓慢，唯一的优点就是将全部的软弱包进一层硬壳。硬壳只对甲虫自己坚硬，对别人，尤其是孩子们，则是光滑的、温和的，甚至是美丽的。正因为这样，锹甲成为了孩子们的宠物。

馆里的讲解员介绍说：锹甲虫由于雄性头部长有两只大角而得名。实际上，这不是角，而是突出成角状的上颚，长达2厘米。雄性用它们来防范敌人，保卫自己的领地。傍晚时分，它会站在石头或是原木上，摆出一副吓人的姿势。如果这样做还不能吓退入侵者，双方就会厮打起来，厮打中它们都试图抓住对方的腹部以将其举起。成功地把对手摔在地上的便是胜利者，而失败如果仰天摔倒的话，就只好无奈地任凭蚂蚁摆布了。

小智和小美一走进锹甲馆就兴奋起来。小智抓了两只锹甲虫放在手里，他先把一只锹甲放在树干上，再将另一只锹甲放在树干下方。树干上方的锹甲立刻伸出"手"抱住同伴的身体，同伴被悬在空中，吓得露出了黄黄的肉，就这样形成了一幅锹甲虫生死与共的画面。

小智和小美蹲在地上，仰着头看着友爱的锹甲虫。

小美着急地说："哥哥，哥哥，帮帮锹甲虫吧，不然它们都会摔下来的。"

听了妹妹的话，小智马上将两只锹甲虫从树干上护送到了泥土上。

小美从泥土上拿起一只锹甲虫，将其翻过身来仔细端详。她找到了锹甲的眼睛和嘴巴。

她问哥哥："锹甲虫吃什么啊？"

"锹甲虫吃什么啊？"小智反问道。

小美对哥哥说："我们去问妮妮老师吧。"

"嗯。"

两个孩子一起跑到妮妮老师面前，问："妮妮老师，锹甲吃什么啊？"

妮妮老师思索了一下说："甲虫的种类很多，有的吃粪便，有的吃植物，有的吃动物，我们看到的锹甲虫喜欢花蜜或者树的汁液。它们的幼虫吃木屑。"

这时候，小智的父亲走过来，给孩子们讲了一个甲虫的故事。

父亲说："全世界有好多好多甲虫，大概有35万种。甲虫很聪明，遇到危险还会装死来保护自己。在沙漠中，有一种甲虫，它们的幼虫呈椭圆形，比麦粒小点，红颜色。它们非常团结，排成整齐的队列，沿着沙柳微微泛红的树干往上爬，抵达树梢后，它们竟然拥抱成一团，形成一个红色的小圆球，看起来像一朵毛茸茸的花。"

小智赶紧问："它们在干什么？"

父亲回答说："这种甲虫身上散发着一种淡淡的香味，当它们抱成一团的时候，香味会越来越浓，它们像一朵盛开的红花，小蜜蜂好奇地飞过来，当小蜜蜂落在它们身上的那一瞬间，这些小家伙就会迅速爬上蜜蜂的背部和腹部，黏附在小蜜蜂的身上，飞啊，飞啊飞，不知不觉中，小蜜蜂就把它们带到了蜂巢，小家伙们开心极了，每天都有好吃的蜂蜜。它们吃着蜂蜜大餐，一代又一代长得壮壮的。"

"太神奇了！"妮妮老师感叹道。

"哇，蜂蜜的味道一定比植物的味道好。"小美说着伸出舌头舔了舔嘴边。

"甲虫的幼虫好聪明啊。"小智羡慕地说。

突然，小智有了灵感，对小美说："我们去找找锹甲虫的幼虫吧。"

小美高兴地牵着哥哥的手去寻找锹甲虫的幼虫了。

教育分析

1.有效地培养孩子的自然智能

对于孩子们来说世界就是一个万花筒，充满了各种色彩。当锹甲的世界真实地展现在孩子面前的时候，用耳去听、用眼去看、用手去抓，这个过程就是孩子们探索生物奥秘的过程。这不仅训练了孩子观察的灵活性，培养了孩子的求知欲和好奇心，还拓展了孩子的经验与视野，寓教育于生活和游戏之中。

2.培养了孩子友爱的情愫

生命是多姿多彩的。每一个生命都有其存在的价值，每一种生命的群体中都有爱，都有爱的故事。

一只锹甲在另一只锹甲有困难的时候，伸出了友谊之手，用尽全力抱住同伴的身体。锹甲世界的一种友谊、一种爱传递给了孩子。尊重生命、爱惜生命的情怀油然而生，也培养了孩子对昆虫世界的情感。

读者点评

读者点评1

在这里第一次看到锹甲虫，我都喜欢，想必锹甲虫是孩子们的最爱。甲虫生死与共的那一幕真感人。爱贯通了所有的生命。

读者点评2

锹甲是一种温和的昆虫。孩子们在与锹甲虫的亲密接触中，想象力和创造力会增强的。父亲讲的关于甲虫的故事太好了。小小的甲虫竟能演绎出一个如此生动的、昭示其智慧和顽强生命力的故事，这对孩子们认识生命有深刻的教育意义。

读者点评3

现在的孩子大多数是独生子女，每天除了学习以外接触最多的是电子游戏。尤其是城市里的水泥地面，早已将小昆虫和孩子隔离了。小智和小美能够和锹甲虫近距离接触真的很幸福，其中淳朴的乐趣会让许多孩子羡慕不已的。

![爱有花开]

小 木 工

早上一起来，火辣辣的太阳就把房间照耀得亮堂堂的。虽然开着空调，但是直觉告诉大家外边很热。新闻里也在呼吁市民：今日高温，减少外出。

小智和小美不知道天气的炎热，吵着闹着要出去玩。小智的父母很为难，找妮妮老师商量如何安排孩子们的活动。

小智的母亲说："妮妮老师，你看孩子们不懂事，吵着出去玩，我们怎么办呢？"

"是啊，我们要在房间里做点孩子们喜欢的小活动。"妮妮老师说。

"做什么好呢？"小智的父亲问。

妮妮老师说："用干树枝、落叶、野果可以做手工作品。"

"那些东西能行吗？"小智的母亲担心地问。

"我看行。就让孩子们用这些材料做小木工吧。"小智的父亲说。

"做小木工，首先要大家在别墅附近拾些干树枝、落叶、野果等，另外要准备小铁锯、胶水、美工刀、剪刀、彩色水笔。"妮妮老师说。

"好的，我负责采购工具，其他人准备材料。"

妮妮老师和小智的父母商量后决定大家在房间里做木工。

小智的父亲宣布："每人用树枝、树叶、野果做一个手工作品，作为这次度假的纪念。"

父亲停了停又说："在制作之前，需要大家在别墅附近捡一些干枯的小树枝、落叶、野果回来。另外在制作过程中，小心别被工具伤到手，我保管刀和锯，需要加工材料时，由我协助加工。听明白了吗？"

"明白了。"大家回答道。

话音还未落地，小智和小美已经冲出了房间。

他们开心地寻找着自己喜欢的材料。

不一会儿，两个孩子回来了，红彤彤的脸上挂着汗珠。他们每个人的塑料袋都装得鼓鼓的。

小美抓过小智的口袋，好奇地检查哥哥的成果。她看见哥哥的口袋里还有几颗小石子和两块巴掌大的石头，就问："哥哥，这些石子和石头是干什么用的？"

小智一脸神秘地说："嗯，这是我的小秘密啊，不能说。"

"哼，我也有小秘密，就不告诉你。"小美翘着小嘴说。

小智说："我要做一辆坚不可摧的战车。我要开着战车和奥特曼一起打怪兽。"

小智拿出小石子，对着小美炫耀说："看见了吗？这是我的子弹。"

小美坐在母亲的怀里，瞄了哥哥一眼，不示弱地拿出一张手掌大的树叶，说："这是我的扇子。扇起风来，很风凉的。"

小美对母亲说："这是我的扇子，是我的宝贝。"

母亲说："是这样啊，那我们让扇子变漂亮些好吗？"

小美拍着手说："好的，好的。"

小美拿起彩笔在扇子上画了朵小花，还请母亲写上了她的名字。

小美拿着小扇子，一会儿跑到父亲的身边摇几下，一会儿跑到妮妮老师身边摇几下。

母亲喊着："小美，别捣乱，快来，我们一起做向日葵。"

小美又坐到了母亲的怀里，和母亲一起做向日葵。

小美在母亲的帮助下，将一张张枯叶粘在一起，用树干和松塔的截面做了向日葵的芯。向日葵的下面还用野果子做了几只小松鼠，构建了一个温暖的世界。

小智因为要做战车，需要将木头锯成需要的长度。

他向父亲求援。

父亲一手扶着小智按着树干的手，一手握着小智拿锯的手，在滋啦滋啦声中，木屑在飞扬，不一会，树干被锯断了。锯断的木头掉在了地上，小智赶紧捡了起来，将其拿在手中，如获至宝，仔细欣赏着木块。

他突然问："爸爸，木块的脸上有一圈圈的东西，这是什么啊？"

小美一听，马上跑了过去，抢过哥哥手里的木块："给我看看，真的呀，这是什么啊？"

父亲一边抚摸着孩子们的头，一边说："那是年轮，一圈代表一岁。你们数数看，这块木头几岁了？"

小智和小美认真地数起来："哦，4岁了。"

小智高兴地拿着4岁的木头去做战车了。

小智用小树干给战车做了四个结实的轮子。用大一点的树干的截面做了战车的本身。还用松塔做了战士。一台结实的战车在小智的手中诞生了。小智开心地举着战车在房间里跑来跑去，嘴里还不停地喊着："嗨，我是奥特曼。"

小智玩了一会儿"战车"之后，又从材料包里取出那两块巴掌大的石头。他认真地在石头上涂抹着。不一会儿，石头上诞生了一个小生命，看着像一张小娃娃的脸，可小智说那是一只开心的小螃蟹。这是送给妮妮老师的礼物。妮妮老师被孩子的礼物感动得热泪盈眶。

妮妮老师用一根小树枝做了一棵树，树上挂上了野果，就像挂上了一串串喜庆的灯笼。树下是一只可爱的小兔，野果做了兔子的四只脚，树叶做了兔子的耳朵。小兔子迎接着森林中的四方来客。

大家通过自己的努力，做出了自己喜欢的作品。孩子们用不可思议的眼光欣赏着这世界上独一无二的创作，脸上露出了灿烂的笑容。

 教育分析

1.激发主动探索的精神

孩子的观察力是可以培养的，有效的培养方式不仅能提高观察的质量，更能提高孩子观察力的品质。孩子看似是在拾一块石头、一片枯叶、一根枯枝，其实，孩子们的思维一刻也没有停止，他们通过观察在学习，在接受自然的教育。他们会知道这些东西的大小、形状、颜色、味道、温度等等都不同，并想象这些东西的特点以及在自己作品中起到的作用。

孩子们还发现了树干的截面上有"圈圈"，从而对年轮有了认知。年轮的概念让孩子们深刻地知道了人类以外还有生命存在，这些不仅激发了孩子们热爱生命的意识，还激发了孩子们积极探索的精神。让孩子真正成为学习与发展的主体，成为主动的学习者并在学习中获得成功的喜悦。

小木工的活动让学习真正成为一种创造性活动，一种陶冶情操的审美活动，一种有趣的游戏。

2.培养孩子热爱自然的情感

枯萎的枝叶在孩子们的创作中那么地灵动，那么地生机勃勃。这不仅增强了孩子们的自信心，还增强了孩子们的想象力、创造力。比如，小美把树叶想象成了一把团扇，小智把石子想象成了子弹。

最让人感动的是孩子在巴掌大的石头上涂抹，在孩子的涂抹中石头有了生命力，这世界上独一无二的作品诞生了。那年轮、那石头都承载着孩子们对自然的观点和自己的思想。

3.培养孩子的探究精神和动手实践的能力

孩子的经验主要来自对环境的直接感知，通过摸、看、闻、尝、听、抓等行为来了解物体的各种特性，其感知能力在亲手制作中和对自然、社会、自我的探究中得到提高。孩子在制作过程中体验到探索的乐趣，并由此培养探究精神和动手实践的能力。

充分运用各种感官，自己观察，自己动手操作，让孩子体验到一种成就感和乐趣。孩子对于自己动脑想出来的东西、自己动手做出来的东西，有一种偏爱和特殊的兴趣，因而类似活动有利于激发起他们强烈的求知欲，从而逐渐培养起学习兴趣。

4.培养孩子的生活情趣

俄国教育家乌申斯基曾经说过："没有丝毫兴趣的强制性学习，将会扼杀孩子的探求真理的欲望。"孩子的学习是服从兴趣和自身的需要，所以应该一切以孩子为中心。孩子的生活是丰富多彩的，他们对生活充满了幻想，大自然中的一景一物都是孩子创作的主要来源。在创作的过程中品尝生活的乐趣，在乐中学，在学中玩。这样，他们创造的作品才更富有童趣，更生动、形象、可爱。

读者点评

读者点评1

从点点滴滴做起，积累丰富人生。用生命热爱教育理念和正确的儿童观，引领孩子开拓视野，培养动手能力，提高审美情趣，赞一个！

我在体会妮妮老师收到孩子送的石头礼物时候的心情，那是一份怎样的幸福啊，那是生命热爱教育成果的升华。羡慕妮妮老师的幸福。

读者点评2

很多时候，没有人去注意一片落叶、一根枯枝的命运。本次活动让炎热的夏天变得宁静而清新，让落叶与枯枝变得生动而美丽，让石头绽放生命的笑颜，让孩子们的心情温馨又祥和，让孩子们的思维深邃又活泼……很好的亲子活动案例，赞！

读者点评3

在小木工的活动中，孩子赋予了枯叶、枯枝、石头等生命，实现了人与物之间温暖的交流，热爱生命之心油然而生。

海上看日出

早上，天色微亮，小智的父亲就喊大家起床，去海边看日出。

孩子们不情愿地爬起来，一边揉着睡意蒙眬的眼睛，一边问："到哪里去啊？玩什么啊？"

小美哭喊着："不要，不要，我要睡觉。"

父亲用毯子包起小美，把小美抱在怀里。小美枕着父亲的肩膀，一歪头又睡了。

踏着晨露，他们来到了停泊在海边上的小木船上，坐在船上等待着日出。

小智将小脚丫放在海水里，啪哒啪哒地拍打着海水，嘴里哼着："大海啊，多么宽广，我想乘船去别的国家看一看；大海啊，蓝色的海浪，摇啊摇啊摇，摇到哪里去呢？"

小智的两脚溅起浪花，洁白如雪的浪花凌空舞动，回落的浪花溅在脸上，凉冰冰，咸丝丝。小智开心地叫着："哇，好凉啊！"

父亲一边轻轻地拍打着小美的背，一边吟诵着诗歌《海景》：

在天宇的石板上，

海鸥在绘着ABC。

大海是孩子的乐园，

海浪是孩子的棉花糖。

船儿在散步，

边走边跳着舞蹈。

船儿在散步，

边走边吹着口哨。

小美躺在父亲的怀里，眯缝着眼睛看着天，听着父亲的呢喃。

一群海鸥在海面上盘旋着，鸣叫着。

天边渐渐泛起红晕，朝霞越来越绚丽。晨光熹微中，缕缕云彩随风游荡，变幻出各种奇异的形状，描画着红橙黄绿蓝靛紫的斑斓。一眨眼的工夫，太阳从海中探出头来。慢慢地，太阳的光芒越来越亮，越来越耀眼，平静的海面，碧蓝的海水都被笼罩在它的辉煌与灿烂之中，周边的景色也都明朗了起来，就连人们的耳朵也闪着光亮。

终于，太阳一下子跳出了海平面，放射出万丈光芒，这光芒就像千只金手抚摸着万物，孩子成了太阳的宝宝，被太阳宠爱着。

整个天地间就这样被温暖了，浩瀚无垠的大海顿时沸腾了起来。小智兴奋地说："太阳像个大火球。"小美也睁大了眼睛，惊奇地看着红彤彤的太阳。孩子们不约而同地伸出手虔诚地捧起太阳。

妮妮老师觉得有种说不出的力量在心中升腾，一股蓬勃的力量在心底涌动。她不由得伸出手将这美景拥在怀里，和大海一起感受着太阳的心跳。

妮妮老师情不自禁地跳下小船，向太阳的方向走去……

小智也跳下小船，在海岸线上奔跑着，小美也挣脱了爸爸的怀抱，跳下小船，追逐着浪花。

海浪"哗——哗——哗——"激越地追逐着孩子们的脚步，溅起万朵金花，闪闪发亮。

孩子们牵着太阳的金手，在沙滩上奔跑着，欢乐着……

 教育分析

1.感知大自然的力量

带领孩子走近大海，与大海近距离接触，大海在孩子的眼前展现出一部立体的教科书，真实而丰富。海上日出的神秘和美好吸引着孩子，引领孩子热爱大海。

孩子们通过自己的视觉、味觉、触觉感知大海，好奇心得到激发，整个心灵与周围世界产生亲密互动。沉浸在这种快乐的状态中，孩子不仅感知了大自然的力量，纯洁的心灵也得到了成长。

因此，海上看日出的亲子活动对提高孩子的素质具有重要的教育价值：它能够丰富孩子的学习领域，满足孩子主动学习的需要，唤醒孩子的生命意识。

2.感知美的震撼与和谐

黎明前的大海边因为孩子们的到来，增加了生命的气息。瞧，孩子将小脚丫放在海水里，啪哒啪哒地拍打着海水，嘴里还哼着大海的童谣，这是多么动人的画面啊。

不仅大海美，人也是海边的一道亮丽的风景。

海浪声声，海鸟翩翩，歌声袅袅，人与自然达到了美的震撼与和谐。

海上看日出的亲子活动是以大海为载体，追求人和自然的融合，追求人对自然的审美体验与求真意志的有机统一，是促进孩子对自我与自然的认识及体验的活动，是追求人与自然和谐发展的活动。

3.洞察与感知大自然的美丽

孩子们曾经无数次唱过大海的童谣，今天海上看日出让孩子头脑中的大海变得更加生动。

孩子们触摸到海的温度，品尝到海的味道，看到海的壮阔，听到海的声音。那歌词里的大海立体地呈现在孩子们的面前。孩子们情不自禁地用歌声表达着对大海的热爱。

 读者点评

读者点评1

我自己阅读了这篇文章，又带着孩子一起来阅读，深深地被感动着。亲子活动，和孩子一起动手，和孩子一起体验生活，可以感悟生活，提高孩子的知识，培养孩子的能力，谢谢妮妮老师的这一课。

今天，我又带孩子去了一所老年公寓，看望了那里的老人，体味了那种生活。我和孩子交流了很多。我感觉如今的孩子，缺乏关爱，缺乏热情。我和孩子约定，等放假了，我们就去那儿做义工，让孩子锻炼自己，同时，培养孩子成为一个品德高尚的人。

读者点评2

亲近大自然是人类的本性，而多姿多彩的大自然可以激发孩子们的兴趣与好奇心，所以说大自然不仅是孩子学习的天然课堂，更是孩子成长的快乐天地。让孩子们置身于大海边，感受视觉的盛宴，有助于提高孩子的审美能力。

读者点评3

文笔细腻，如小溪流水。

分析详尽，胜行千里路。

妮妮老师，加油！

图书在版编目（ＣＩＰ）数据

爱有花开：倪红霞生命热爱教育实践 / 倪红霞著 . —— 上海：中国中福会出版社，2014.11
（2019.8 重印）

　ISBN 978-7-5072-2009-4

Ⅰ . ①爱… Ⅱ . ①倪… Ⅲ . ①生命哲学 – 通俗读物
Ⅳ . ① B083–49

　中国版本图书馆 CIP 数据核字 (2014) 第 251544 号

爱有花开——倪红霞生命热爱教育实践　　倪红霞　著

责任编辑	梁　莹
装帧设计	钦吟之

出版发行	中国中福会出版社
社　　址	上海市常熟路 157 号
邮政编码	200031
电　　话	021-64373790
传　　真	021-64335603

经销	全国新华书店
印制	龙口市新华林文化发展有限公司
开本	787mm×1092mm　1/16
印张	14
字数	200 千字
版次	2014 年 11 月第 1 版
印次	2019 年 8 月第 2 次印刷
书号	ISBN 978-7-5072-2009-4/B・2
定价	32.00 元